AF366092

ANTONIO GÓMEZ RIJO

LA EDUCACIÓN FÍSICA CENTRADA EN EL ALUMNADO

BASES TEÓRICAS Y PRÁCTICAS PARA DAR PROTAGONISMO AL ESTUDIANTADO

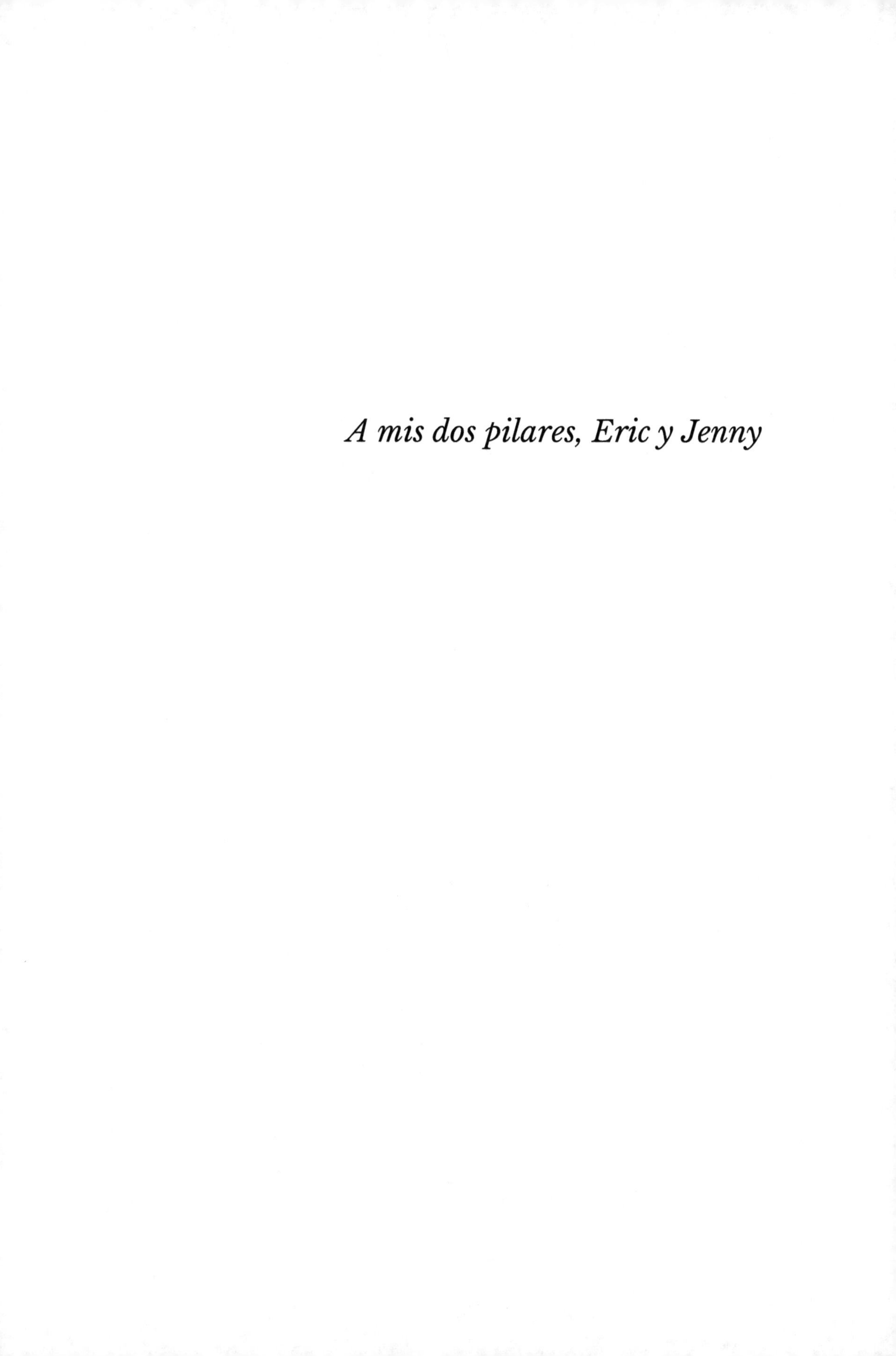

A mis dos pilares, Eric y Jenny

Índice

Introducción

Creo firmemente en un principio básico: la docencia es una profesión con un componente vocacional tremendamente robusto. ¿Y por qué digo todo esto? Pues por una razón muy sencilla, parto de una premisa fundamental: una Educación Física (y por extensión, cualquier educación) Centrada en el Alumnado -EFCA- debe tener un profesorado que crea en el empoderamiento de sus pupilos y esto pasa, ineludiblemente, por un ser una persona implicada, que ame su profesión. Una educación basada en el amor y en la comprensión tiene como recompensa el desarrollo de la perfección de nuestro alumnado como personas únicas e irrepetibles, como seres potencialmente extraordinarios.

Y, sin embargo, esta percepción sobre las capacidades de mi alumnado no fue siempre así. Bien es cierto que al principio de mi carrera profesional me preocupé por ser un profesional excepcional. Fruto de mi formación inicial y de lecturas académicas, desarrollaba mis clases desde una perspectiva instrumental. Mi paradigma de referencia era el técnico y mi obsesión era optimizar los aprendizajes (obviamente seleccionados y aleccionados por mi). El buen clima de aula, el tiempo de compromiso motor, y otras cuestiones de eficacia y eficiencia docente fueron mi principal obsesión. Y, tengo que reconocerlo, durante un tiempo no me fue nada mal. Esta obsesión por el cómo hacer las cosas bien, se trasladó en una rutina profesional de transmisión-docente y recepción-discente que tenía sus frutos en clases tremendamente organizadas, con poca pérdida de tiempo pero, como contrapartida, con poca toma de decisiones por parte de mi alumnado. Pero... sentía que algo faltaba. Mi sensación era la de impartir las clases a autómatas.

Esta situación se repitió durante unos ciertos años, pero a medida que pasaba el tiempo, las respuestas confirmadas y contrastadas sobre el cómo hacer las cosas bien fueron transformándose en cuestiones éticas por resolver: por qué y para qué educar. Fruto de mi propia reflexión en y sobre la acción (Schön, 2017), de lecturas académicas basadas en el paradigma crítico y del contacto en encuentros profesionales con otros y otras colegas, mi visión técnica de la enseñanza (aquella que desde pequeño siempre me había atraído) fue sustituyéndose por la visión crítica de la enseñanza. Cada día era más consciente de la capacidad del alumnado para ser el gestor de su propio aprendizaje, y en este sentido he dirigido mis esfuerzos durante el resto de mi vida profesional.

Por eso mismo, ahora pienso que uno de los principales retos a los que se enfrenta el profesorado en su quehacer docente es cómo abordar su compromiso ético y profesional para contribuir al desarrollo personal y social del alumnado (y por extensión, de la sociedad en general) a través de un proceso de enseñanza-aprendizaje híbrido que favorezca la formación de ciudadanos críticos, autónomos, reflexivos y responsables, para consigo mismo y para con los demás (Gómez Rijo, 2013).

Actualmente, considero que la potencialidad de los aprendizajes es mayor a la de la enseñanza y, como consecuencia de ello, el protagonismo debe ser el del alumnado, y no el del profesorado. Así pues, comprender los fundamentos del aprendizaje nos va a permitir enfocar nuestra docencia de cara a construir escenarios donde lo fundamental sea la participación dialógica de los chicos y las chicas, así como la cesión de responsabilidades pedagógicas por parte nuestra hacia ellos y ellas. Tomar como referente el aprendizaje nos sitúa en un decorado totalmente diferente. Se trata de irrumpir con una educación revolucionaria, donde el giro copernicano sea dado a través de la transferencia, cada vez mayor, de la acción en la toma de decisiones de nuestras figuras discentes. La actual sociedad del conocimiento, el conjunto de cambios que se suceden vertiginosamente en nuestra cultura y, por supuesto, el avance de la tecnología nos coloca en un paradigma diferente donde lo realmente relevante es responder a cuestiones como "el para qué, el cómo y el qué hace el alumnado".

Habida cuenta de lo dicho hasta ahora, un concepto que, a mi juicio, es clave en una EFCA es el de praxis (Freire, 2005), o la "unión inquebrantable entre acción y reflexión" (p. 106). Más adelante se volverá a retomar este constructo, tanto desde el punto de vista docente como discente. Lo que nos interesa en estos momentos comprender es que, bajo el prisma de la docencia, podemos decir que la reflexión sin acción sería palabrería; pero la acción sin reflexión, activismo. Y esto nos lleva a plantear, precisamente antes de pasar a la acción, algunas reflexiones en torno a cuestiones básicas para la comprensión sobre los fundamentos de la propuesta que aquí se expone. Es por esto por lo que la estructura de este libro responde a este binomio simbiótico acción-reflexión, que se retroalimentan cíclica y mutuamente, y sin la cual una no puede existir si no se manifiesta la otra.

Tanto es así que, en la primera parte se trata sobre aspectos más teóricos de la enseñanza y del aprendizaje (sobre todo de este último) vistos desde el punto de vista de una EFCA. Así, en el capítulo 1 se abordan cuestiones que tienen que ver el concepto de EF sobre el que bascula la propuesta de este libro. Se responde a cuestiones como qué es la EF, y cómo es una EFCA, además de identificar cuáles son las finalidades que persigue esta EFCA. El capítulo 2 trata de comprender los fundamentos de dos referentes teóricos sobre los que se sustenta la EF: la pedagogía crítica y el humanismo. Se reflexiona sobre ambas y se ven las aportaciones de estas para la EFCA. Por su parte, en el capítulo 3 se habla de aprendizaje y sus fundamentos. Se desvelan las características que debería reunir el aprendizaje en una EFCA. Para el capítulo 4 se reserva el tema de las competencias, sus fundamentos y aplicaciones y se termina concretándolo en el eje transversal de la EFCA, la competencia motriz.

En la segunda parte del libro se abordan las cuestiones más prácticas que, basadas en la evidencia científica y en el marco teórico, nos ayuden plasmar en el patio nuestros principios éticos y pedagógicos. Así pues, se comienza en el capítulo 5 con la negociación curricular, en qué consiste e ideas de cómo introducirla en el aula. El capítulo 6 entra de lleno de la cuestión metodológica. Qué modelos pedagógicos son más coherentes con una EFCA y cómo hacerlo desde la tarea motriz. El bloque de práctica se termina con el capítulo 7 y un tema clave, la evaluación. Cómo enfocarla para darle protagonismo al alumnado.

Mis principios ético-políticos y pedagógicos

Así pues, y llegados a este punto, estoy totalmente de acuerdo con Pascual & Fernández-Balboa (2009) y Sicilia-Camacho (2005) en que nuestra praxis docente debe estar guiada por unos principios ético-políticos y pedagógicos, que den sentido a nuestro quehacer educativo, mayormente si lo que pretendemos es dar la voz y la acción a nuestros discentes. A saber:

1. Tengo como referencias documentales internacionales la Declaración Universal de Derechos Humanos (ONU, 1948) y, por ende, el respeto a la dignidad intrínseca y a los derechos iguales e inalienables de todas las personas, basados en la libertad, la justicia y la paz en el mundo. Y, por supuesto, la Convención sobre los derechos del niño (UNICEF, 2015), especialmente todo lo relativo a la no discriminación, al interés superior del niño, a la vida y su desarrollo, así como al derecho a participar en las situaciones que le afecten.

2. Creo firmemente en el valor de la ética y la política como proyectos personales y sociales para transformar el mundo. Considero que la escuela como institución no acaba entre las cuatro paredes del aula, ni tampoco en la puerta de entrada o de salida. La educación no es (ni puede ser) neutral. No puede desvincularse de las condiciones socioeconómicas que le rodean. Al contrario, tenemos una responsabilidad social como agentes transformadores y revolucionarios (Apple, 1997; Bourdieu & Passeron, 1990; Giroux, 2012; McLaren, 2012) para evitar el *status quo* hegemónico de las clases dominantes. Y, por tanto, esto me lleva al tercer principio.

3. Considero que el papel de la educación debe ser atender a las grandes cuestiones como la dignidad, la libertad, el empoderamiento, la justicia social, la inclusión, la equidad y la sostenibilidad. Y para conseguir todo esto, el profesorado juega un rol fundamental como promotor de la concientización, en tanto que "las personas serían capaces no solo de leer, sino de leer el mundo en el que viven y convencerse así de la necesidad de luchar por su liberación" (Freire, 2005, p. 35).

En definitiva, este libro se ha escrito con la intención de ofrecer un espacio para la reflexión y la conciencia crítica sobre el modo de pensar y llevar a cabo la Educación Física desde un punto de vista innovador, así como las ideologías, creencias, sentimientos y pensamientos de los agentes implicados. Está dirigido a todas aquellas personas que quieran transformar su praxis docente en las actividades físicas y deportivas, de cara a impulsar el empoderamiento de su alumnado, darles la palabra y preocuparse no solo por la cuestiones técnicas o didácticas, sino (y sobre todo), por asuntos éticos y sociales (la búsqueda de la inclusión, la equidad y otros grandes valores muy deseables como el respeto, la solidaridad, y un largo etcétera).

Una EFCA que esté preocupada no solo por la transmisión de responsabilidades a la figura discente dentro del aula, sino que, además, se comprometa con la formación de personas solidarias que luchen por la justicia social, la equidad, la inclusión y la sostenibilidad. No apostamos por la visión romántica de la autodeterminación (Devís-Devís & Pérez-Samaniego, 2015) sino por el discurso realista de las fortalezas de las personas (y como optimizarlas), así como por la identificación de las propias debilidades (y como superarlas).

En cualquier caso, es preciso advertir que en este documento no se exponen modelos, recetas ni soluciones universales, ya que entiendo al docente como un profesional intelectual y reflexivo (Giroux, 2012; Schön, 2017), y no como un simple y mero aplicador de fichas elaboradas por terceros o, lo que es peor, por "expertos" que no han pisado un aula en su vida. Lo que aquí se propone es una declaración de intenciones para ser contrastado por cada cual desde su contexto de intervención. Este contexto será el marco de referencia sobre el que bascularán todas nuestras decisiones pedagógicas.

Al fin y al cabo, la meta última de la educación física es la transformación personal y social de todos los agentes implicados, en aras de conseguir un mundo mejor, más justo. Y en este sentido esperamos haber aportado un pequeño grano de arena. Feliz lectura.

BLOQUE I

REFLEXIONANDO LA ACCIÓN

1

El alumnado toma decisiones en… ¿qué Educación Física?

Este capítulo tiene como principal objetivo situar al lector o lectora en el contexto epistemológico en el que se desarrolla la propuesta. En primer lugar, se abordará la concepción de Educación Física (EF) que se tomará como referente a la hora de situar la acción del alumnado. Entre otros aspectos, se tratará el concepto de EF y su importancia en el contexto académico, profesional, social y personal. Se cuestionarán los contenidos propios de la EF y se describirán, de manera sucinta, en qué consiste cada uno de ellos. Por último, se analizarán las finalidades de una EF que esté posicionada en el protagonismo del alumnado como eje central del proceso educativo.

1.1. ¿QUÉ ENTENDEMOS POR EDUCACIÓN FÍSICA?

Analizaremos, en primer lugar, la raíz etimológica de las palabras "educación" y "física", para plantear, a continuación, las diversas concepciones que ha habido respecto al constructo de EF. Finalmente, se acometerá la propia construcción de lo que aquí se entiende por EF y EFCA.

Etimológicamente, "educación" procede del latín *educatio* (crianza) o *educo* (entreno, extraer). Además, puede relacionarse con dos concepciones latinas como son *educare* y *educere*. Por proximidad al concepto que aquí se va a tratar de EFCA, es la raíz *educere*, entendida como promoción de las potencialidades del educando, la que más se acerca a la idea que tenemos sobre el proceso de enseñanza y aprendizaje que se da en nuestra disciplina. La palabra "física", sin embargo, tiene su origen en el griego. Concretamente, del término *physis*, que podría considerarse como naturaleza.

Aunque a lo largo del texto se ahondará en esta perspectiva, efectivamente y desde un punto de vista etimológico, una EFCA se entiende como un proceso de guía y acompañamiento que el profesorado hace con su alumnado (*educere*) de cara a que éste último pueda tomar el mayor el número de decisiones posibles desde una responsabilidad personal y social compartida, en aras de un completo desarrollo y transformación de su naturaleza (*physis*), y bajo una perspectiva integral (cognitivo, motor, social y afectivo-emocional).

Ciertamente, esta *physis*, entendida como la naturaleza de lo físico, lo material o lo corporal, es una visión reduccionista de nuestra disciplina y ha generado bastante controversia a lo largo de décadas en cuanto a la precisión y la validez como término que explica e integra tanto los contenidos como las finalidades intrínsecas del área. En este sentido, parece que hay otros vocablos más acertados que integran las dimensiones cognitivas, motrices y socio-afectivas o emocionales. Muchos autores y autoras han realizado esfuerzos por construir epistemológicamente términos más coherentes con las praxis que se dan en los patios de las escuelas. Valga como ejemplo algunas propuestas alternativas a la etiqueta "Educación Física" (modificado de Sáenz-López, Castillo, & Conde, 2009).

Idea	Autor	Año
Educación psicomotriz	Picq y Vayer	1969
Educación por el movimiento	Le Boulch	1976
Actividad físico-deportiva	Gruppe	1976
Motricidad Humana	Sergio	1987
Ciencias de la Educación Física	Vicente Pedraz	1988
Pedagogía de las conductas motrices	Parlebas	1989
Educación físico-deportiva	Rodríguez	1995

Tabla 1.1: Algunas etiquetas alternativas a Educación Física.

En cualquier caso, y aun a sabiendas de las limitaciones e imprecisión de este, el término EF se trata de un concepto ampliamente aceptado en el mundo académico e institucional, tanto a nivel nacional como internacional, por lo que se opta por mantenerlo con la finalidad de no generar más confusión.

El reduccionismo a lo meramente mecánico, biológico, fisiológico o físico ("El ser humano como máquina") ha sido la línea argumental sobre la que se han basado casi todas las reflexiones de los autores y las autoras citadas anteriormente. En este sentido, podríamos hacernos una serie de preguntas acerca de la naturaleza de lo que entendemos por la forma de concebir y practicar la EF: ¿puede limitarse la Educación Física meramente a la educación del movimiento? ¿Qué entendemos por movimiento? ¿Es este concepto el más adecuado y preciso para delimitar nuestro objeto de estudio?

Circunscribir la EF al mero movimiento, sería encapsularla en un nivel muy superficial de análisis. Tenemos que entender que no podemos considerar la EF como una educación del cuerpo como máquina eficiente, sin tener en cuenta que existen las emociones y el pensamiento. Solo así logramos comenzar a visionar la corporeidad y la motricidad desde una perspectiva holística y sistémica (Castañer & Camerino, 2006; Trigueros, Rivera, & Moreno, 2020). Quedarnos en este simple dualismo cartesiano (cuerpo/mente) y considerar como eje transversal el desplazamiento es tener una idea restringida de lo que pensamos que es (o debe ser) la EF. La motricidad humana implica algo más que un desplazamiento de un lugar a otro. No es lo que se manifiesta ante nuestros ojos lo que debe hacernos pensar que estamos frente a lo importante. El comportamiento motor (o movimiento, si se prefiere) posee una serie de significados e intencionalidades que es preciso desvelar. Por eso, es la conducta motriz (y no el movimiento) lo que debe hacernos reflexionar sobre el paradigma epistemológico sobre el que pivota nuestra concepción acerca de la idea de la EF. Es precisamente este concepto de conducta motriz (Parlebas, 2003), nuestro referente a la hora de definir el objeto de estudio de nuestra disciplina. La EF es algo más que un entrenamiento eficiente del cuerpo-máquina. Requiere de una motricidad que tenga en cuenta las dimensiones cinésica, simbólica y cognitiva (Castañer & Camerino, 2006). Cuando nuestro alumnado está en las clases de EF, no solo juega, está, además, manifestando una forma de saber y de ser, de expresarse, de compartir sentimientos, vivencias y emociones con los demás. Nuestro alumnado interpreta el contexto en el que se desarrolla y se articulan una serie de conductas motrices para dar respuesta a ese problema motor en el que se encuentra. Es en este escenario, en el que la EF se hace rica y abundante en experiencias motrices diversas y signficativas. Es, en este sentido, hacia donde debemos dirigir nuestros esfuerzos como docentes.

Para concretar un poco más la consideración que tenemos acerca de lo que es para nosotros la idea de la EF, sería conveniente analizar el enfoque desde el que la valoramos. Y, con relación a esto, a lo largo de la historia reciente de la EF, ha habido diversos visiones que han tratado de dar respuesta a esta forma de entender y practicar la disciplina. Según Devís (1996) podrían agruparse en cuatro:

1. La perspectiva gimnástico-higienista: que tiene como ejes basculantes la disciplina, el orden y el desarrollo del carácter.

2. La perspectiva recreacionista: cuyas finalidades serían la diversión, la evasión, el recreo y el descanso.

3. La perspectiva deportiva: donde lo importante son las reglas, la técnica, la competición y la táctica.

4. La perspectiva educativa: que busca la promoción de los valores intrínsecos educativos.

Una EFCA no renuncia a ninguna de ellas, pero considera la última como la fundamental. Elevar el estatus de nuestra asignatura pasa por reconsiderarla y repensar el papel que juega en el sistema educativo y en la sociedad. Y, para ello, debemos tener en cuenta el valor que tiene por sí misma (intrínseco), independientemente de que puedan adquirirse otros logros "por medio" o "a través de ella".

Llegados a este punto, podemos considerar la EFCA como una pedagogía que tiene como eje central al alumnado, que vela por una formación integrada de las diversas dimensiones que componen la naturaleza del ser humano (la cognitiva, la motriz, la ético-social y la afectivo-emocional), y cuyo elemento dinamizador es la conducta motriz (Figura 1.1), y todo ello con la clara meta de la transformación personal y social.

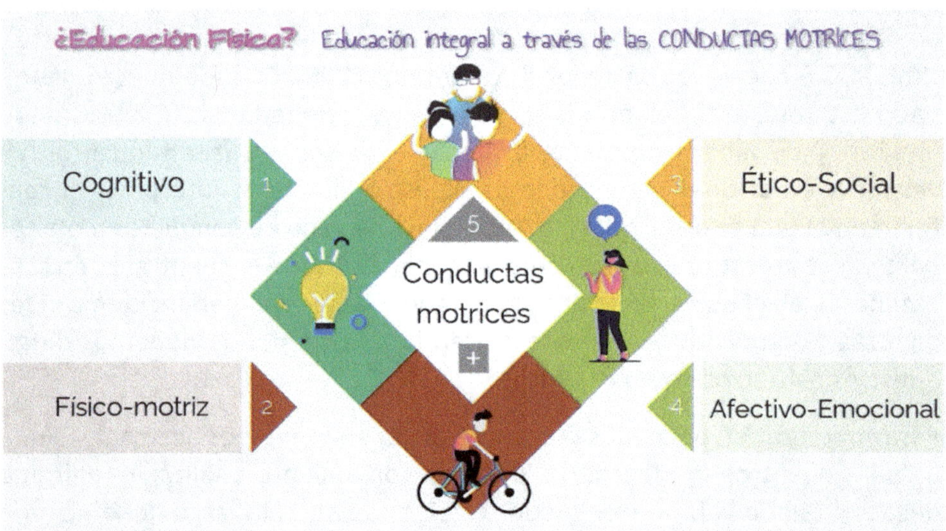

Figura 1.1: Concepto de Educación Física (centrada en el alumnado).

Esta "Educación integral a través de las conductas motrices para la transformación personal y social" puede darnos algunas pistas de cuáles son las metas que se debe plantear la EF. Ese "a través de" no se aborda solo en un sentido limitante ni instrumental o funcionalista, como una actividad práctica para conseguir unos fines externos a ella (Arnold, 2000). De esta manera, entendemos que fines y medios son una misma cosa, no están separados y, por tanto, ambos son intrínsecamente valiosos (Moreno-Doña, Campos-Vidal, & Almonacid-Fierro, 2012). Cuando decimos "Educación integral a través de las conductas motrices" nos estamos refiriendo a educar las tres dimensiones de la motricidad humana: educación "acerca" del movimiento, "a través" del movimiento y "en" el movimiento (Arnold, 2000). La dimensión "acerca de" hace alusión a los conocimientos teóricos que se tratan en la disciplina, tanto desde un punto de vista de la especificidad (contenidos propios de la EF como son los juegos motores, los deportes, la expresión corporal, etc.) como de la transversalidad (contenidos no afines como la anatomía, la fisiología, la psicología, etc.). La dimensión "a través de" sí que es cierto que Arnold le da un enfoque instrumental. De tal manera que la motricidad permitiría adquirir una serie de valores o actitudes deseables en la sociedad y la cultura en la que se desenvuelve el alumnado. La dimensión "en" el movimiento se corresponde con valores propios de las actividades físicas y deportivas. Si bien la primera y la tercera dimensión tienen valor intrínseco, o por sí mismas, la segunda atiende a un enfoque pragmático de la asignatura. Aunque bien es cierto que las tres dimensiones terminan de configurar, como un todo, el constructo completo e integrado de una Educación física coherente con el valor que se le exige.

1.2. UNA EDUCACIÓN FÍSICA CENTRADA EN EL ALUMNADO: ¿POR QUÉ Y PARA QUÉ?

Una vez que ya nos hemos situado en el contexto de lo que entendemos por una EFCA, será necesario que abordemos las cuestiones teleológicas de la disciplina. En este apartado se tratará el tema de las metas y finalidades de una EF que tome como eje central al alumnado y su desarrollo en la escuela y en la sociedad. Se responderá a interrogantes como: ¿es necesaria? ¿qué aporta como valor (intrínseco y extrínseco) que ella, y solo ella, puede ofrecer en aras de una educación integral, ética y democrática?

Es importante acometer esta empresa porque solo si conocemos nuestra meta podremos afrontar con mayores garantías de éxito los medios a seguir para alcanzar dicha meta. Entender la EFCA bajo una mirada sistémica y compleja (Toro-Arévalo, 2007) de la acción humana (bajo el enfoque que sea, por ejemplo, el deportivo, el recreativo, el gimnástico, etc.) nos va a permitir que tengamos en cuenta el valor de la EFCA dentro de su papel como agente promotor de la educación integral a través de las conductas motrices para la transformación personal y social. Esta perspectiva es la que sostendrá los pilares para determinar cuáles son los fundamentos y las finalidades de nuestra disciplina en el ámbito escolar.

Pero antes de delimitar los fines que consideramos para una EF centrada en el alumnado, es importante que diferenciemos entre objetivos y metas o fines, ya que con frecuencia tienden confundirse y a tratarse como si fueran sinónimos o, en el mejor de los casos, como cuestiones equiparables. Sin embargo, los fines o las metas responden a una elaboración más abstracta de lo que consideramos fundamental en temas sensibles para la humanidad, entendidos estos temas como aspiraciones o ideales en el contexto político, ideológico, religioso o, en nuestro caso, educativo. Las metas o las finalidades se mueven en el campo teleológico-filosófico y se convierten en la brújula que dirige todas nuestras decisiones pedagógicas individuales como docentes, y colectivas como comunidades de aprendizajes. Los objetivos, por su parte, reflejan un nivel mayor de concreción con respecto a las finalidades, y suelen estar referidos a disciplinas específicas. Si bien los fines o las metas educativas se mueven en el escenario de los valores; los objetivos, por el contrario, descienden al terreno de los aprendizajes y las capacidades que pretendemos desarrollar en nuestro estudiantado a través de la acción didáctica.

En el ámbito de la educación (y de la educación física, obviamente), es absolutamente imprescindible que, si queremos ganar estatus dentro del currículo escolar, repensemos y nos planteemos seriamente cuáles son sus fines y funciones educativas (Kirk, 2008), alineándolos con los que presenta la escuela en general (Sparkes, 1992). Solo esta perspectiva de adonde dirigimos nuestra mirada nos va a permitir situar el debate de por qué y para qué debe existir la EF en la escuela y en la sociedad.

Por un lado, y desde un punto formativo, las asignaturas escolares deben aspirar que se logre la transferencia de sus aprendizajes en el ámbito formal a los escenarios no formal e informal. Este debe ser el fundamento de "una escuela que prepare para la vida". Por otro lado, y desde un discurso ético y político, debemos cuestionarnos el papel de la escuela como una institución de transformación personal, social y cultural; y no simplemente como herramienta para reproducción del *status quo* de los valores de las clases dominantes (Apple, 1997; Bourdieu & Passeron, 1990; Freire, 2005; Giroux, 2012; McLaren, 2005).

En la línea de lo comentado con anterioridad, para Kirk (2008) los retos que se debería plantear cualquier disciplina serían la transferencia del aprendizaje escolar a la vida durante y después de la escuela; la autenticidad del conocimiento escolar en relación a la vida; y el papel de la escuela como institución de transformación social.

En el campo de la pedagogía general, uno de los fines básicos que se plantea cualquier referente académico es el aprendizaje de su alumnado. Entendiendo por aprendizaje la combinación de tres dimensiones: los resultados (o aquello que se quiere aprender, bien sean, competencias, capacidades, conocimientos, habilidades o, simplemente, contenidos), los procesos cognitivos (necesarios para aprehender esos resultados) y las condiciones necesarias para poner en marcha estos procesos (las tareas de aprendizaje) (Pozo, 1999).

A poco de introducirse en el ámbito nacional la enseñanza por competencias a través de la LOE en 2006, para Zabala & Arnau (2007) el principal reto que se presentaba era establecer unas condiciones de enseñanza y evaluación que fueran significativas para así permitir el aprendizaje funcional y situado de los contenidos implicados en cada competencia. De tal manera que estas condiciones promovieran la participación activa del alumnado, el fomento de la toma de decisiones y una promoción rica de la motivación intrínseca hacia los aprendizajes. Fundamental ha sido reconocer que nuestros esfuerzos como docentes deberían ir dirigidos a facilitar las condiciones para que se den los aprendizajes en las dimensiones del *saber, saber hacer, saber ser y saber vivir juntos/con los demás* (Delors, 1996). Estas condiciones, cómo no, están mediadas por el contexto histórico, político, social y cultural en el que se desenvuelve la tarea del alumnado, es decir, si ubica en lo que denominamos un aprendizaje situado (Díaz-Barriga, 2006). Por todo ello, será necesario que el profesorado tome conciencia de su papel en estos contextos como intelectual transformador (Giroux, 2012) para construir una escuela más justa, igualitaria, inclusiva, sostenible y democrática. Precisamente, en esta lucha por los derechos humanos, recordamos que la finalidad de la escuela, según el Artículo 26.2 de la Declaración Universal de los Derechos Humanos adoptada y proclamada por la Asamblea General de las Naciones Unidas (ONU, 1948) es que:

> *"La educación debe tender al pleno desarrollo de la personalidad humana y al refuerzo del respeto de los Derechos Humanos y de las libertades fundamentales. Debe favorecer la comprensión, la tolerancia y la amistad entre todas las naciones y todos los grupos sociales o religiosos, y la difusión de las actividades de las Naciones Unidas para el mantenimiento de la paz".*

En los actuales sistemas educativos internacionales, caracterizados por unas políticas y culturas neoliberales, donde lo trascendental es la homogeneidad, la acumulación de capital memorístico y enciclopedista (interiorización de contenidos a través de la repetición), la competitividad y la rendición de cuentas, se hace harto necesario que la escuela, como institución transformadora, afronte dos grandes retos: "consolidar una escuela comprensiva que permita el máximo desarrollo de las capacidades de cada uno, respetando la diversidad y asegurando la equidad de acceso a la educación y compensando las desigualdades; por otro, favorecer la formación de sujetos autónomos" (Pérez-Gómez, 2012, p. 62). Coincidimos con este autor en que, frente a un currículo uniforme, de talla única y contenidos interminables, que enfatiza la repetición y la reproducción de datos, necesitamos, hoy más que nunca, una apuesta por las habilidades para el siglo XXI, a saber, el compromiso social y la búsqueda de la justicia, la capacidad de tomar decisiones, la resolución de problemas y el trabajo colaborativo, el pensamiento y la conciencia crítica, y la creatividad, entre otras.

La UNESCO (2015), siguiendo esta postura basada en una pedagogía humanista, apuesta por una educación de la ciudadanía mundial que tenga como metas el fomento de habilidades intelectuales como el pensamiento crítico, creativo e innovador, la solución de problemas y la adopción de decisiones, así como en otras no cognitivas como la empatía, las aptitudes interpersonales y comunicativas, etc. En cualquier caso, es absolutamente necesario establecer alianzas internacionales para abarcar políticas multisectoriales que desarrollen una estrategia global para la educación inclusiva. La meta última será combatir todas las formas de desventaja y discriminación, incluyendo la situación socioeconómica, el género, la geografía, la etnia, la identidad sexual y las necesidades especiales (McLennan & Thompson, 2015).

Por último, es coherente que las finalidades a las que deba acercarse la educación, estén alineadas con la Agenda 2030. Un compromiso de 193 países con 17 objetivos de desarrollo sostenibles (ODS) en el Marco de las Naciones Unidas, donde se persigue la igualdad entre las personas, proteger el planeta y asegurar la prosperidad. Representa una forma de ser, estar y actuar en el mundo desde un punto de vista ético, político y humanista. En este sentido, los objetivos a los que más se acerca la propuesta que aquí presentamos serían (Figura 1.2):

Figura 1.2: Objetivos de desarrollo sostenible implicados directamente.

En el ámbito disciplinar que nos ocupa, las cosas no deberían ser demasiado diferentes. Todo lo contrario, el valor de una apuesta por una EFCA debe estar alineada y ser coherente con las finalidades educativas generales e internacionales antes mencionadas.

Para situar las líneas argumentales de nuestra posición, es útil ubicarnos en la propuesta de Tinning (1996) sobre los discursos imperantes en las formas de entender y practicar la EF. Según este autor, en buena parte del siglo pasado, los distintos enfoques por los que ha pasado la EF podrían centrarse en dos: el discurso del rendimiento, centrados en la mejora de las habilidades motrices y la condición física; y el discurso de la participación, cuya misión es incrementar la cultura del movimiento con su valor educativo. Postura con la que coincidimos plenamente ya que, tal y como plantea este autor, los discursos de la participación versan en torno a la inclusión, la igualdad, el compromiso, el disfrute, la justicia social, la cooperación, etc. Ello no es óbice, no obstante, para que denostemos el desarrollo de la competencia motriz, y no nos preocupemos por la mejora de las conductas motrices de nuestro alumnado, tanto de las cualitativas (las habilidades perceptivo-motrices, las conductas de decisión y las de ejecución como las básicas o las neuro-motrices), como de las cuantitativas (las capacidades físicas básicas). Lo que debemos tener claro es que la mejora de dicha competencia motriz siempre debe estar mediada por la participación, la equidad y la inclusión, y nunca por el rendimiento y la exclusión.

En el siglo pasado, la mayor parte de las propuestas en cuanto a los propósitos de la EF y de la motricidad, se debatían en torno a tres dimensiones: en relación a sí mismo, en relación al espacio y en relación al mundo social (Jewett, 1974; Vayer, 1981). Mientras, Arnold (2000) se decantaba por el modelo tridimensional visto con anterioridad (educación "acerca de", "en" y "a través" del movimiento). En el panorama nacional, todo un referente epistemológico como lo fue Cagigal (en Rodríguez-López, 1995) consideraba que los propósitos de la EF eran ejercitarse y adaptarse física, orgánica y corporalmente, desarrollar la inteligencia motriz, formarse en el esfuerzo y formar el carácter, descubrirse y respetarse a sí mismo y a los demás y capacitarse para la vida cotidiana.

Ya en este siglo, una propuesta interesante sobre la finalidad de la EF la encontramos en Whitehead (2013) y su concepto de *physical literacy* o alfabetización física. Este concepto trasciende el desarrollo de las habilidades motrices para crear una cultura motriz que permita actuar a la persona en el contexto que le rodea desde una perspectiva personal y social. La EF no buscaría, entonces, únicamente el desarrollo de las conductas motrices y de la condición física (entendidos como la dimensión cualitativa y cuantitativa de la motricidad, respectivamente), sino como un compromiso por adquirir una serie de vivencias y conocimientos que le permitan adquirir un estilo de vida activo, saludable y sostenible. Este modelo tiene como elementos característicos: la disposición, la comprensión, el conocimiento, la competencia física, la confianza y la motivación del alumnado hacia sus aprendizajes. Es decir, tiene en cuenta a la persona desde la globalidad y bajo un paradigma sistémico e integral, no limitándose a considerar al ser humano como un cuerpo-máquina-eficiente.

En esta misma línea se sitúa la UNESCO (2015), quien también insta a reconsiderarla como una herramienta inestimable en el desarrollo de valores y capacidades para desenvolverse en el día a día. Se trata, pues, de un compromiso con una Educación Física de Calidad (McLennan & Thompson, 2015) y, por tanto, que sirva como punto de partida para lograr hábitos que le permitan adherirse a un estilo de vida activo y saludable de por vida. Una educación del bienestar individual que debe estar alejada del cuerpo como máquina biomotriz, y centrarse en una visión holística de la persona (Trigueros, Rivera, & Moreno, 2020).

Y es que más allá de los logros que podamos conseguir en la educación formal, los momentos que nuestro alumnado pasará fuera del contexto escolar, y una vez que se haya incorporado a su vida laboral, van a ser la tónica dominante de su estilo de vida. Por esta misma razón, al margen de los resultados académicos, formativos y personales que podamos desarrollar en nuestro alumnado, debemos tomar conciencia sobre cómo contribuir a desarrollar una motivación intrínseca que le permita asumir la salud y la actividad física como valor vital. De la misma manera, el compromiso ético y político será uno de los grandes retos a los que se enfrente la EFCA, o lo que es lo mismo, la concientización (Freire, 2005) de que nuestra disciplina puede (y debe) ser un instrumento para la transformación personal y social.

Desde una concepción socioconstructivista del proceso de enseñanza y aprendizaje, no podemos obviar la naturaleza y la función social de la EF como eje para la construcción de conocimientos compartidos en el contexto escolar (Gómez Rijo, 2013). Su finalidad será, en definitiva, contribuir al desarrollo personal y social del alumnado facilitando múltiples interacciones motrices con sus compañeros y compañeras, e interacciones socioafectivas con los diversos agentes que integran la comunidad educativa para poder adquirir las herramientas que le permitan convertirse en su mejor versión personal, desarrollando sus fortalezas y minimizando su debilidades, aportando soluciones para la construcción compartida de unos conocimientos funcionales, situados y críticos.

En la medida en que la EF otorgue un papel activo al alumnado, solo entonces podremos estar en disposición de considerar que su aprendizaje se consolidará de una manera reveladora, constructiva y profunda. Ahora bien, es importante no centrar el discurso de la finalidad de la EFCA solo desde el punto de vista psico-evolutivo o epistemológico. Estamos de acuerdo con Lorente-Catalán, Gatell i Novell, & Joven (2018) en que hay que ir más allá y asumir un enfoque ético y crítico. En este sentido, la EFCA debería tender a facilitar los procesos de toma de decisiones y la asunción de responsabilidades personales y sociales, no solo en lo que respecta a cuestiones meramente didácticas o escolares y académicas, sino, y sobre todo, en aras de conseguir un alumnado comprometido social y éticamente que luche por las desigualdades, los derechos humanos y la inclusión social, así como con la reconstrucción de los conocimientos y las experiencias (Moreno-Doña, Campos-Vidal, & Almonacid-Fierro, 2012).

Por último y desde una perspectiva globalizadora y holística, para López, Pérez, Pérez, & Monjas (2016), los retos a los que se enfrenta la educación física en el siglo XXI son tres: (1) el desarrollo físico-motriz del alumnado; (2) la creación y recreación de la cultura física del alumnado; y (3) su aportación al planteamiento global de desarrollo integral del alumnado, como ciudadanos de una sociedad democrática.

A tenor de lo expuesto, podemos concluir que una EFCA debería tener como metas educativas dos grandes compromisos: una primera dimensión que estaría caracterizada por una cuestión personal, académica y formativa. En esta dimensión, la preocupación sería el desarrollo en nuestro alumnado de la competencia motriz y la contribución a la adquisición y mejora del resto de competencias. Se incluiría aquí la adquisición de una cultura físico-motriz o alfabetización física que pueda generar la adherencia a un estilo de vida activo, sostenible y saludable, que promueva el bienestar personal y social de manera integral de por vida. En esta dimensión se integrarían los aprendizajes referidos al saber conocer, al saber hacer y al saber ser y convivir. En definitiva, sería apostar por una educación integral que tenga las conductas motrices como referente pedagógico (como ya se vio anteriormente en el concepto que planteábamos de EFCA).

Por otra parte, tendríamos una dimensión donde estaría la cuestión ética y crítica de la educación, donde se integrarían los aspectos socio-culturales e históricos del contexto pedagógico. En este sentido, la EFCA debería centrar sus esfuerzos por promover en el alumnado una concientización y un compromiso por la lucha hacia la transformación de una sociedad mejor (Figura 1.3).

Figura 1.3: Finalidades de la Educación Física centrada en el alumnado.

2

El alumnado tiene la capacidad de transformar(se)

Toda vez que ya nos hemos posicionado acerca de qué tipo de EF queremos y entendemos, así como las metas educativas en las que confiamos que puedan ser alcanzadas a través de dicha idea de la EF, parece necesario que abordemos los fundamentos teóricos y epistemológicos en los que se va a apuntalar una EFCA. En este capítulo se hablará de pedagogía crítica y de humanismo, y como ambas pueden contribuir a la construcción de un marco teórico sólido para defender la postura de que el alumnado es el centro del proceso de E-A, tomando como referente (en última instancia), la praxis motriz.

2.1. APORTACIONES DE LA PEDAGOGÍA CRÍTICA

La pedagogía crítica está vinculada con la teoría crítica que, a su vez, tiene sus orígenes en el neomarxismo, la teoría de la liberación y la Escuela de Frankfurt, entre quienes se encuentran grandes pensadores como Max Horkheimer, Theodor W. Adorno, Walter Benjamín, Leo Lowenthal, Erich Fromm y Herbert Marcuse. La teoría crítica abarca campos tan dispares como la religión, la política, la educación, el feminismo, la economía, etc. En Europa, son los escritos de Karl Marx y del teórico social Jürgen Habermas (y su concepción sobre las formas del conocimiento), los principales referentes en la construcción del marco teórico e ideológico.

La teoría crítica surge como contraposición a la hegemonía del positivismo y del cientificismo natural, que se caracteriza por la objetividad, la cuantificación y la estandarización. Aun siendo un movimiento académico, la teoría crítica está fuertemente influenciado por la ética y la política, y trasciende las cuestiones meramente técnicas para entrar de lleno en la esfera de lo social. Se trata de una corriente ideológica que hace mucho hincapié en el discurso social y transformador de las personas de cara a los valores de justicia social, inclusión, respeto, dignidad y libertad, entre otras cuestiones.

A finales del siglo XIX y principios del XX hubo algunos movimientos pedagógicos que podríamos relacionarlos con una cierta orientación crítica, debido a su interés por el papel activo, autónomo y responsable de la figura discente en la construcción de su conocimiento y de su proceso de aprendizaje (no así transformador de la sociedad). Algunos de estos ejemplos los encontramos en las pedagogías de la Escuela Nueva (Dewey, Montessori, Freinet, Decroly, Neill, Ferrer i Guardia, etc.). Sin embargo, es con los escritos de Paulo Freire (Sudamérica), así como de otros grandes intelectuales como Henry Giroux y Pierre Bourdieu (Europa), Michael Apple (Estados Unidos), Wilfred Carr y Stephen Kemmis (Australia), cuando realmente se consolidan los fundamentos teóricos, epistemológicos y prácticos de una verdadera pedagogía crítica de la enseñanza.

En la actualidad, las pedagogías críticas abarcan distintos tópicos que son objeto de interés y, por tanto, de su tratamiento o inclusión en la escuela. Según Martos-García, Lorente-Catalán, & Martínez-Bonafé (2018) podríamos identificarlos como:

> - *El activismo*. El uso de metodologías activas por parte del profesorado y el papel del alumnado como algo más que un mero receptor de contenidos.

> - *La voz de los y las estudiantes*. Se confía en la capacidad del estudiantado para tomar decisiones y se obra en consecuencia, empoderándolo para que asuma, progresivamente, cada vez más responsabilidades.

> - *La atención a las cuestiones sociales*. Tienen en cuenta el papel reproductor de las escuelas, así como otros conceptos como equidad, inclusión, etc.

> - *La recuperación de la ética y la política*. Se trata de formar un proyecto crítico para transformar el mundo, más allá de las paredes del aula.

> - *Algunos sólidos referentes*. Se toman como referentes las grandes cuestiones de la humanidad: la dignidad, el empoderamiento, la concientización, la libertad, etc.

A continuación, vamos a profundizar sobre estas y otras cuestiones que consideramos de interés para consolidar los fundamentos teóricos de la EFCA.

2.1.1. Formas de conocimiento: racionalidad técnica, práctica y crítica

Por racionalidad se entenderá un marco meta-teórico que hace referencia a "las estructuras de pensamiento a través de las cuales percibimos, comprendemos e interpretamos el mundo" (López Pastor et al., 2003, p. 22). Los conceptos de racionalidad técnica y práctica derivan de la época de la Grecia Antigua. De hecho ya en su *Ética a Nicómaco*, Aristóteles ya distinguía la *tecné* (racionalidad técnica) y la *frónesis* (racionalidad práctica).

2.1.2. La racionalidad técnica

La revolución industrial trajo consigo el triunfo de la ciencia, la cuantificación, la estandarización y la homogeneidad. Sus orígenes están en el positivismo de Augusto Comte y de Emile Durkheim. Este modo de interpretar el mundo desde una perspectiva técnica o instrumental valora más el "cómo", que cuestiones más teleológicas, éticas o políticas, como el "para qué".

Si lo trasladamos al contexto educativo del aula, según McLaren (2005) trabajan dentro de las ideologías liberal y conservadora y enfatizan el conocimiento que puede ser medido y cuantificado. Los resultados de la investigación científicas pueden ser generalizables y obvian el valor del contexto en la interpretación de la acción humana. Busca, sobre todo, la descripción de la realidad. Su modelo pedagógico es la "educación bancaria" (Freire, 2005), donde el profesorado deposita el capital cultural para que sea devuelto por el alumnado en los exámenes. La idea de proceso de enseñanza-aprendizaje es vertical: docente como experto y discente como profano. La metodología que se emplea es la directiva, haciendo uso de una heteroevaluación exclusivamente, a través de instrumentos estandarizados de medición de los resultados cuantitativos. El profesorado es un técnico que aplica recetas, irreflexivo y, por tanto, modelo reproductor del *status quo* de las ideologías y el *habitus* dominantes (Bourdieu & Passeron, 1990); mientas que el estudiantado desempeña un rol pasivo, receptor y acumulador de contenidos. Su pretensión es la eficacia docente, centrándose en la enseñanza, y no tanto en el aprendizaje. Los procesos cognitivos sobre los que se hace hincapié son la memorización y la repetición. En este escenario se centraría la Didáctica, entendida como la disciplina interesada en cuestiones como "el qué y cómo enseñar" (Fernández-Balboa, 2004).

2.1.3. La racionalidad práctica

Se basa en un paradigma interpretativo y cualitativo. Entiende que los resultados son interpretables y se preocupa por cuestiones como "qué está pasando aquí", dotando de sentido a las acciones humanas en función de los contextos donde se desenvuelven (comprensión de la realidad). Entiende que los métodos pedagógicos deben ser activos y participativos, posibilitando la socialización de la figura discente. Considera que el estudiantado debe participar de la evaluación a través de procedimientos compartidos. Las personas educadoras investigan, reflexionan sobre su propia práctica (Schön, 2017) y, además, se preocupan por lo que piensan sus educandos. El conocimiento académico se comparte y se construye a través de procesos dialógicos e interactivos. El rol del alumnado es el de una persona activa que interpreta y comprende el valor de los aprendizajes desarrollados en el contexto del aula. Los procesos cognitivos sobre los que gravita son la interpretación y la comprensión.

2.1.4. La racionalidad crítica

Este modo de entender la realidad y el conocimiento sugiere ir más allá de la interpretación y traspasar los límites de la escuela como institución, para llegar a instancias políticas y económicas. Además, su objetivo es la emancipación humana y la transformación personal y social. La relación docente-discente es horizontal, evitando los discursos hegemónicos y totalitarios de "arriba-abajo", donde el profesorado siempre tiene la razón y el alumnado la interioriza sin mayor atisbo de reflexión o crítica. En cuanto a la metodología, busca ceder la mayor parte de las responsabilidades al educando, erigiéndose éste como el verdadero eje central sobre el que bascula el proceso didáctico. Está centrado en el aprendizaje, y no tanto en la enseñanza. El alumnado participa de la mayor parte de las decisiones en la evaluación, copando la autoevaluación y la evaluación entre iguales la mayor parte de las técnicas empleadas. La figura discente tiene un rol activo y emancipador que construye conocimientos. Asimismo, se reflexiona sobre los valores de libertad, justicia social, igualdad, equidad, inclusión, sostenibilidad y dignidad, entre otros, buscando alternativas para la acción de cara a su logro en el conjunto del tejido social. Los procesos cognitivos sobre los que se hace hincapié son el análisis, la evaluación, el juicio crítico y la creatividad. En este contexto se centraría la Pedagogía, entendida como la disciplina interesada en cuestiones de índole moral, ética y política como "por qué y para qué enseñar" (Fernández-Balboa, 2004).

2.1.5. Los paradigmas educativos: de la verticalidad a la horizontalidad

La enseñanza no es un proceso neutro, no hay asignaturas ni personas neutras. Esta cuestión nos lleva a plantearnos la relación que tenemos con nuestras propias teorías implícitas (que pueden ser conscientes o inconscientes), así como las del resto de la comunidad educativa (estudiantado, familias, resto de docentes, direcciones de centro y administraciones educativas). Por todo ello, se hace necesario explicitar que la apuesta de este trabajo es por el de una educación horizontal (frente a la vertical). Es decir, frente a un modelo neoliberal y tecnocrático de expertos de "arriba-abajo", proponemos una educación revolucionaria, un giro copernicano que cambie el sentido instruccional hacia la equilibración en la participación y toma de decisiones entre los agentes implicados. Frente a una "pedagogía de la ignorancia" (porque la promueve en el alumnado y porque ignora su capacidad para tomar decisiones, considerándolo como dócil y sumiso), se incita a una "pedagogía del empoderamiento", que no solo tiene en cuenta las capacidades del educando, sino que le inspira a la acción para tomar partido por su aprendizaje y por la transformación de la sociedad en un mundo mejor. Se trata entonces, de cambiar las relaciones de poder y de comportamiento en cuanto a la forma de entender y practicar la EF, así como de promover la reflexión crítica en torno a las ideologías, creencias, sentimientos y pensamientos de los agentes implicados.

Como docentes nos toca convertirnos en intelectuales-transformadores (Giroux, 2012), frente al reproductor que aplica recetas y se fía de los expertos. Los y las docentes somos corresponsables de lo que sucede dentro (de manera directa) y fuera de nuestras aulas (indirectamente), así que hay tomar partido por qué queremos que ocurra. Nos toca un compromiso por la acción y la transformación personal y social, en aras de un mundo más justo y sostenible. Esto conduce, inevitablemente, a educar en la diversidad y para la diversidad en un mundo global y complejo. Y plantearse una serie de cuestiones como: ¿qué modelo de sociedad, de escuela, de persona, de educación y de educación física queremos? De tal manera que llevará al alumnado y a nosotros mismos a tomar conciencia de cuál es nuestro papel en la sociedad y la posibilidad de transformarlo.

Frente a una educación vertical y neoliberal, que equipara a las escuelas con competiciones, fábricas, cadenas de montaje y división del trabajo, tenemos que apostar por una EFCA que valore las fortalezas del alumnado y lo lleve a desarrollarse de la manera más avanzada posible.

Ahora bien, entender la pedagogía crítica sólo desde una dimensión racional o con pequeños 'guiños' a lo emocional no contribuye a comprender la magnitud del fenómeno educativo y ni a desarrollar la acción para la transformación de las injusticias sociales (Moreno, Toro, & Gómez, 2018). Estamos de acuerdo con estos autores en que no podemos limitar la pedagogía crítica, única y exclusivamente, a la interacción profesorado-alumnado. Esto sería centrarse en una visión reduccionista de la pedagogía crítica. Debemos traspasar la superficialidad de la Didáctica y adentrarnos en las profundidades de la Pedagogía, para comprender que la EF no se limita a las cuatro paredes del aula, del patio o de la escuela, sino que se traslada al ámbito extraescolar, construyéndose un fuerte compromiso personal, ético, político, social para cambiar las estructuras educativas. Esta toma de conciencia emocional sobre la dignidad y el respeto al discente, nos lleva a noción de praxis docente y discente, entendida esta como la "unión inquebrantable entre acción y reflexión" (Freire, 2005, p. 106). Estos dos procesos son dos caras de una misma moneda, de tal manera que no se conciben la una sin la otra. De hecho, reflexión sin acción sería palabrería; y acción sin reflexión, activismo. Esta praxis docente y discente exige un estar "por y para" el mundo, y no simplemente vivir "en" el mundo. Lo primero requiere actividad y compromiso. Lo segundo es, simplemente, pasividad e indiferencia.

A modo de resumen de lo visto hasta ahora, presentamos el siguiente cuadro (Figura 2.1.) en el que se contraponen el paradigma vertical frente al paradigma horizontal en EF (modificado de Gómez Rijo, 2013, p. 133).

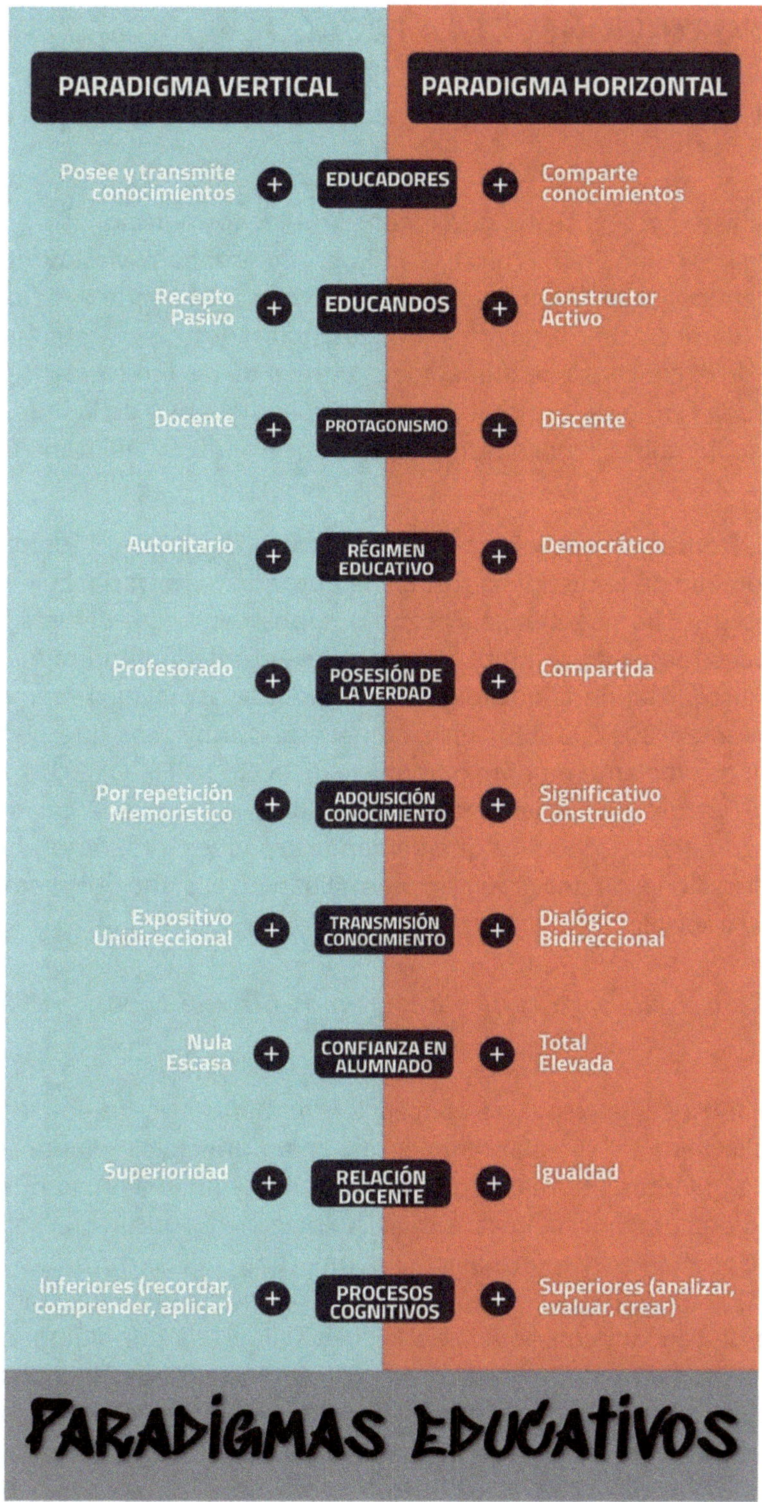

Figura 2.1.: Paradigmas educativos en Educación Física.

2.2. APORTACIONES DE LA PEDAGOGÍA HUMANISTA

2.2.1. El humanismo como práctica liberadora contra el neoliberalismo

El humanismo actual tiene sus orígenes en las formulaciones de grandes intelectuales como Erich Fromm, Carl Rogers y Abraham Maslow, y pone el acento en los ideales que hacen a los individuos más humanos como los valores (democracia, derechos humanos, tolerancia), el interculturalismo (primando el concepto de humanidad sobre el de nación o estado) o eliminando toda forma de explotación y desarrollo negativo de la industrialización neoliberalista (consumismo, globalización, etc.) (Quintana-Cabanas, 2009).

Por eso, frente una escuela neoliberal, caracterizada por "la uniformidad, el predominio de la disciplina formal, la autoridad arbitraria, la imposición de una cultura homogénea, eurocéntrica y abstracta, la proliferación de rituales ya carentes de sentido, el fortalecimiento del aprendizaje academicista y disciplinar de conocimientos fragmentados, incluso memorístico" (Pérez-Gómez, 2012, p. 68), se hace necesario, hoy más que nunca, que afiancemos un planteamiento humanista de la EF (UNESCO, 2015). Esa concepción instrumental, mercantilista y utilitaria ya no tiene cabida en un mundo complejo y sistémico que demanda enfoques integrales y holísticos de la educación, con una gran responsabilidad en el plano ético, emocional, personal y social.

2.2.2. Una educación contemplada más allá de la instrumentalización

En el plano pedagógico, una concepción humanista de la educación y el desarrollo tiene en sus planteamientos, como principios y metas educativas, los siguientes valores: el respeto a la vida y a la dignidad humana, la igualdad de derechos, la justicia social, la diversidad cultural, la solidaridad internacional y la responsabilidad compartida de un futuro sostenible (UNESCO, 2015). Tomar en cuenta estos ideales significa apostar por una escuela de calidad, con equidad e inclusiva, liderada por alumnado implicado y responsable, así como por un profesorado reflexivo y crítico que luche por transformar las estructuras de poder hegemónico y dominante que no hacen sino reproducir las desigualdades y el *status quo*.

Como se puede ver, la pedagogía humanista hace una apuesta fuerte por la ética dentro de la educación, superando el sesgo pragmático y utilitario del paradigma positivista o técnico. Por lo tanto, en EF es tan importante plantearnos cómo hacer las cosas como por qué o para qué las hacemos, o a quién estamos beneficiando. Se trata, por tanto, de una visión amplia del fenómeno educativo que tenga en cuenta la diversidad de las dimensiones que en él intervienen. No podemos quedarnos únicamente con el desarrollo de la dimensión personal (el plano cognitivo, físico-motriz, y afectivo-emocional), sino traspasar las fronteras de nuestra aula para repensar las cuestiones pedagógicas en las dimensiones sociales, éticas, políticas, económicas y culturales.

2.2.3. La escuela transfronteriza y global del humanismo

En este sentir transfronterizo en que la pedagogía traspasa los muros del aula, podemos discriminar un modelo tridimensional caracterizado por la influencia mutua entre la sociedad, las familias y la escuela. De igual manera, no podemos menospreciar que la praxis docente y discente (lo que sucede dentro del aula o en el patio) está condicionada por las políticas educativas (impuestas por las administraciones como, por ejemplo, el currículo) y las culturas organizativas (desarrolladas en los entornos socio-culturales en lo que está inmersa la escuela, como por ejemplo, el Proyecto Educativo) (Figura 2.2.).

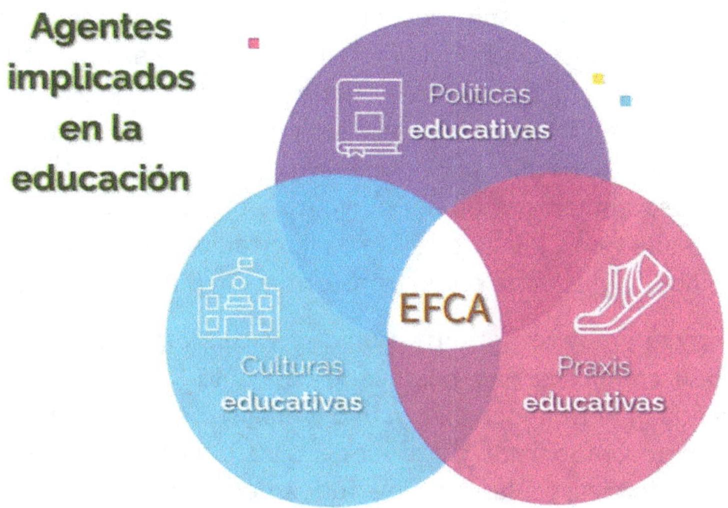

Figura 2.2.: Agentes implicados en el proceso educativo.

Por esta razón, y siguiendo la propuesta de la UNESCO (2015), una EF humanista no puede relegarse a lo meramente individual y personal, sino que debe considerar la educación como un *bien común*, coparticipado por todos los agentes implicados y responsables del proceso educativo y que trasciende la esfera de lo eminentemente psicologicista o cientificista. Este bien común supone entender el conocimiento como un derecho compartido entre todas las personas como parte de un tejido social, que tiene en cuenta la diversidad de contextos y ecosistemas, frente a la noción teórica socioeconómica individualista de *bien público*.

2.2.4. El papel que juega el profesorado y el estudiantado en el proceso

Siguiendo las ideas de Rogers (1997), en todo este marco pedagógico, el docente juega un papel de guía, acompañante y facilitador en el proceso de aprendizaje. Su ética profesional se basará en la honestidad, la empatía y el respeto incondicional. Su actividad es no directiva, cediendo el protagonismo al alumnado, que adopta un rol activo y de empoderamiento. Según este enfoque, no podemos enseñar directamente, simplemente generar escenarios de aprendizaje donde el estudiantado desarrolla todo su potencial formativo y creativo. Por su parte, el educando aprenderá en la medida que le otorgue significados a aquello que se trata en la escuela y que lo adquiera por la vía experiencial.

Este clima de aula donde se respire respeto y confianza es absolutamente necesario que se vaya construyendo de manera real y compartida entre todos y todas las personas implicadas en la encrucijada didáctica. Solo así los y las discentes se sentirán con la suficiente competencia para adquirir y desarrollas sus capacidades al máximo nivel en el que su potencialidad les permite. Un escuela humanista, en definitiva, que tenga como valores intrínsecos el amor a la vida y a la naturaleza, la libertad de elección, la igualdad y la fraternidad, y que luche por la transformación (Fromm, 1998).

Sin embargo, no debemos contentarnos única y exclusivamente con satisfacer un enfoque comprensivo y paidocéntrico ("solo importa lo que el alumnado aprenda"), ni tampoco instructivo y magistrocéntrico ("solo importa lo que el profesorado haga"), a tenor de lo visto hasta ahora, la meta educativa sería, entonces, replantarse los fundamentos pedagógicos para llegar a un nivel sistémico y holístico ("lo relevante es lo que ocurre en el contexto y las interacciones que se dan en él", o lo que es lo mismo, la simbiosis entre políticas, culturas y prácticas educativas).

2.3. UNA EDUCACIÓN FÍSICA CRÍTICA Y HUMANISTA

La conclusión es clara: una Educación Física que esté centrada en el alumnado debe ser crítica y humanista. Ambos planteamientos requieren una visión amplia y global del fenómeno educativo, y no podemos soslayar la influencia de las dimensiones políticas, económicas, sociales y éticas de lo que sucede fuera de la escuela y cómo eso influye en nuestra interacción con el estudiantado en el patio, en la cancha, en el pabellón, o en la plaza del pueblo.

Partiendo de esta premisa, una EFCA debería tener cuenta una figura docente como acompañante del estudiantado, que hace uso de metodologías activas y sistemas de evaluación participativos, formativos y compartidos, y propone escenarios educativos en los que, progresivamente, se le vaya cediendo responsabilidades al alumnado en la toma de decisiones que le afecten a su proceso de aprendizaje. Un profesorado considerado como intelectual transformador que se cuestiona su propia práctica y reflexiona sobre ella (con sus propios discentes u otros colegas de profesión, así como con lecturas académicas) acerca de su papel como agente reproductor. Por lo tanto, una figura educadora que no es una mera aplicadora de lo elaborado por terceros (consideradas "personas expertas"), sino que construye de manera colaborativa y compartida sus conocimientos con el resto de agentes implicados en el fenómeno educativo (estudiantado, resto de profesorado, familias, medios de comunicaciones y redes sociales, administraciones, etc.).

Y todo ello sin olvidar, obviamente, el componente ético, político y social que debe investir todo proceso didáctico, de tal manera que se induzca al estudiantado al pensamiento crítico y reflexión sobre su papel (y el de la Educación Física) como agente activo para la transformación social y la ciudadanía crítica (Deeley, 2018), en aras de auspiciar la consolidación hacia una sociedad con mayor justicia social, equidad e inclusión y sostenibilidad, en definitiva, una sociedad más humana.

2.3.1. La praxis motriz como eje dinamizador del componente didáctico en Educación Física

Anteriormente ya se trató el concepto de praxis. Tal y como lo entiende Freire (2005), se considera la unión entre la reflexión y la acción, de tal manera que no se comprenden la una sin la otra. En esta ocasión, vamos a trasladar dicho constructo al ámbito de la especificidad de nuestra disciplina, considerándolo de acuerdo a como reza en el título de este apartado, como el eje dinamizador del componente didáctico de la Educación Física.

La idea de praxis motriz que se va a barajar en esta propuesta es la de unión entre pensamiento, acción y emoción, que toma como base la motricidad humana y el objetivo motor, en aras de una transformación personal y social. Como puede observarse en esta idea de praxis motriz, se nos remite a un proyecto pedagógico orientados hacia la manifestación de actitudes críticas, de compromiso social y político desvinculado de los determinismos biológicos (Buscà, Moneo, Rodríguez-Martín, Hernández, & Murillo, 2016) y apartado, única y exclusivamente, del contexto de un paradigma biomotriz del cuerpo como máquina eficiente y entrenable (Castañer & Camerino, 2006). En otras palabras, se trata de la simbiosis entre conocimiento, acción y emoción desarrollado en un contexto motor, con la intención de resolver problemas y transformar la realidad en donde se producen (Kirk, 1990).

Este conocimiento debe entenderse, en cualquier caso, como un conocimiento práctico (Arnold, 2000). Esto es, que reúne las características de no quedarse en el plano de la especulación teórica y sí representar un modo de actuar intencionado, como reflexión crítica e inteligente sobre el mundo. Se trataría pues, de una motricidad inteligente que supera el marco del movimiento (más propio de los objetos) o del comportamiento motor, para aunar la intencionalidad hacia la mejora de la propia motricidad (transformación personal) pero que no se queda solo ahí, sino que atribuye cualidades a dicha motricidad para transformar el mundo en un lugar con mayor bienestar y calidad de vida. Parte de los conceptos praxiológicos de comportamiento motor y de conducta motriz (Parlebas, 2003), para incluir el componente ético, moral, social y político, propia de la pedagogía crítica y humanista. Es decir, una acción consciente con propósitos emancipatorios (Fernández-Balboa, 2004) que busca el logro de la reducción de las desigualdades para auspiciar un mundo más equitativo.

Esta praxis motriz entiende a la persona como un sistema complejo que, bajo una perspectiva holística, se caracteriza por la integración de las dimensiones cognitivas, emocionales, relacionales y motrices (Martínez-Álvarez et al., 2015) y que entiende la motricidad desde una mirada más humana y plena (Moreno-Doña et al., 2012; Toro-Arévalo, 2007; Trigo & Piñera, 2000). Esta concepción evita caer en el falso activismo o recreacionismo, donde lo que prima es la diversión o el hacer por hacer. En este enfoque educativo, la meta educativa es que el alumnado esté entretenido y se divierta, pero sin ejercer el más mínimo esbozo de actitud reflexiva y crítica hacia su propia práctica o la de los demás.

Desde el punto de vista pedagógico, esta praxis motriz se logrará desarrollar a partir de la construcción de escenarios significativos que ofrezcan al alumnado una amplia variedad de experiencias motrices de calidad basadas en tres criterios específicos: contribución al logro de objetivos motores, implementación a través de las manifestaciones sociales de la motricidad (juegos motores, deportes, acondicionamiento físico, actividades en la naturaleza y expresión corporal) y progreso a partir de los dominios de acción motriz (situaciones psicomotrices, de colaboración, de oposición y de colaboración-oposición). Además de contribuir al impulso de una cultura motriz (o alfabetización física) que trate de plantear cuestiones sobre la naturaleza de los fenómenos relacionados con lo corporal, la motricidad, etc. desde un punto de vista de practicante, espectador y consumidor, abordando, en cualquier caso, cuestiones éticas y morales.

3

El alumnado construye su propio aprendizaje

Ya hemos identificado la capacidad del alumnado para transformar a nivel social y transformarse a nivel personal. Es, precisamente, en esa transformación personal donde vamos a centrar la idea de la capacidad del alumnado para la construcción de sus propios aprendizajes. Para ello nos basaremos en las propuestas de algunos referentes teóricos como el socio-constructivismo y la pedagogía experiencial.

3.1. LA CONSTRUCCIÓN SOCIAL DEL CONOCIMIENTO EN LAS CLASES DE EF

El alumnado en EF no actúa solo. Todo lo que sucede en el patio (y los aprendizajes son una parte fundamental de ello) se circunscribe a la interacción que se produce de la figura discente con él mismo, con los demás y con el entorno (incluido en éste los espacios y el material). Es, precisamente en esta interacción, donde adquiere sentido el enfoque social de la construcción del conocimiento. Esta idea la lleva formulando la psicología cognitiva desde hace tiempo con autores tan relevantes como Piaget, Vygotsky o Bruner, como nos recuerda Pérez-Gómez (2012), y que ha sido confirmado ahora por la neurociencia (Damasio, 2010).

En este trabajo, se entiende por conocimiento "el modo en que los individuos y las sociedades dan un sentido a la experiencia, por lo que se puede considerar en términos generales como la información, el entendimiento, las competencias, los valores y las actitudes adquiridos mediante el aprendizaje" y por aprendizaje "el proceso necesario para adquirir ese conocimiento. Es a la vez el proceso y el resultado de ese proceso; un medio tanto como un fin; una práctica individual tanto como una empresa colectiva" (UNESCO, 2015, p. 17). Desde punto de vista crítico, este conocimiento escolar está condicionado histórico y socialmente por intereses que atienden a lógica sistémica de las relaciones de poder que se dan en la escuela (McLaren, 2005). Es decir, que es el profesorado el encargado de imponer qué es lo que se aprende, cómo y cuándo. En este sentido, una EFCA debe atender a las necesidades de nuestro alumnado y, siendo consciente de esta lógica imperante, tratar de buscar estrategias dialógicas y negociadas de construcción compartida del currículo y, por tanto, del conocimiento. La figura educadora, a este respecto, es solo una persona mediadora que guía o ayuda al alumnado en su proceso formativo de re-elaboración y re-construcción de sus conocimientos.

Los elementos que constituyen el constructivismo social o socio-constructivismo y que determinan, en gran medida, el éxito del alumnado tanto en la adquisición de conocimientos como en el enfoque académicos basado en el rendimiento escolar se caracterizan por atender a una dinámica colaborativa y de una relación de horizontalidad. Esta perspectiva pedagógica considera que el aprendizaje es el resultado de la interacción del alumnado con el contexto. Este aprendizaje se realiza tanto con la dimensión social de dicho contexto (los demás), como en lo relativo a la dimensión física (el espacio y los materiales). En esta relación con sus compañeros y compañeras, el estudiantado establece dinámicas colaborativas y dialógicas que median para que le dé significado a aquello que pretende aprehender.

La importancia que revista dicha interacción está en reconocer que se supera el nivel individualista de la adquisición de saberes para integrar las aportaciones de los demás, haciendo avanzar al alumnado hasta niveles que, por sí solo, nunca hubiera alcanzado. Es esta realidad social la que permite al estudiantado contextualizar los conocimientos a fin de dotarlos de sentido. Se trata de un aprendizaje situacional, o lo que es lo mismo, influenciado por la situación personal, social y física donde se desarrolla (Figura 3.1.).

El hecho de reconocer la importancia de los aprendizajes en EF nos permite situarnos en un escenario que supera la visión simplista y reduccionista del recreacionismo o "sudar y pasarlo bien". Obviamente, el disfrute no debe ser una cuestión que debamos soslaya, constituye un medio y un fin, pero no el único fin. En este sentido, tenemos que considerar que, si lo que pretendemos es que el alumnado adquiera una cierta cultura motriz, o lo que es lo mismo, que adquiera los conocimientos, las habilidades y las actitudes necesarias para conseguir la adhesión a un estilo de vida activo y saludable de por vida, lo más importante es realizar un tratamiento pedagógico basado en el fomento y desarrollo de la motivación intrínseca. Y esto, entre otras variables, ineludiblemente pasa por disfrutar con la práctica de la actividad física y el deporte.

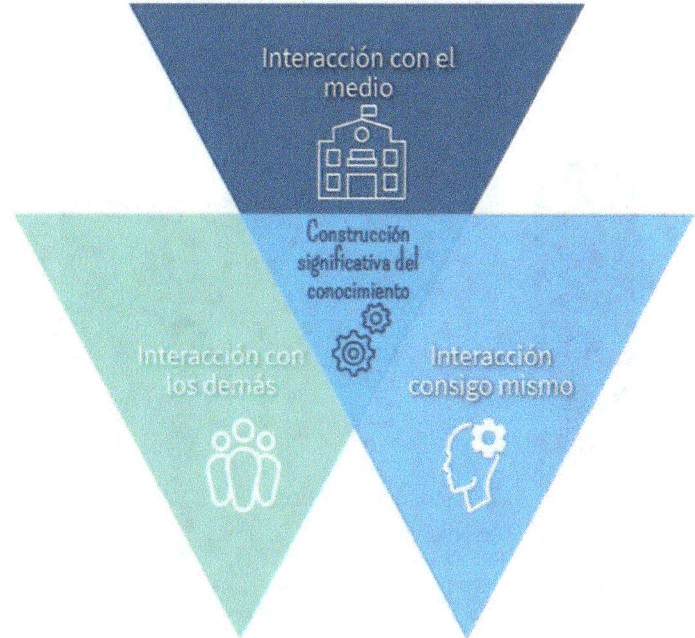

Figura 3.1.: Concepción socio-constructivista de la Educación Física
(Gómez Rijo, 2013).

Una EF que apueste por el alumnado como motor de cambio social no puede contentarse con la mera reproducción o mejora en las conductas motrices basadas en la ejecución. El alumnado no es un mero contenedor en el que se acumulan habilidades motrices de manera acrítica e irreflexiva. Antes al contrario, debe consolidarse una enseñanza que integre dinámicas dialógicas e interactivas de carácter motriz que apunten al aprendizaje como una tarea situada y social basada en la colectividad y la colaboración. Se trata de entender el aprendizaje como una manifestación del comportamiento humano caracterizado por el diálogo, la comprensión, la empatía y la responsabilidad, y donde la creatividad juega un papel muy importante.

En esta elaboración interactiva del conocimiento, las teorías implícitas ocupan un papel fundamental. Por un lado, el estudiantado realiza la construcción de sus aprendizajes en base a la relación de sus teorías implícitas con las de sus compañeros y compañeras, familiares y profesorado, así como con otros agentes o medios no cercanos, como las redes sociales. Por parte del profesorado, la construcción del conocimiento se produce a través del contraste de sus teorías implícitas con las de su alumnado y de otros colegas de profesión, así como con las teorías formales de las lecturas académicas (enfocadas hacia la investigación, la innovación o ambas) y otras lecturas con un carácter más informal, como las redes sociales.

Figura 3.2.: Principios socio-constructivistas de la EFCA.

En cualquier caso, en Educación Física el alumnado comparte continuamente experiencias significativas de todo tipo (motrices o no). En este escenario de interacción, el estudiantado se relaciona con las condiciones físicas (infraestructuras o equipamientos y materiales), el contenido, el material curricular, los demás y su docente. Habida cuenta de ello, las figuras discentes deben no solo "aprender a conocer" o "aprender a hacer" sino, además, "aprender a ser y convivir" y a manejarse socialmente, intentando mejorar con (y de) sus compañeros y compañeras, así como con (y de) su profesorado. Esta es la verdadera naturaleza social del aprendizaje en Educación Física (Gómez Rijo, 2013).

Por esta razón, una EF basada en una propuesta pedagógica centrada en el estudiantado, consecuente con los principios socio-constructivistas y encaminados a favorecer la toma de decisiones consecuente y responsable en el alumnado de cara a la transformación personal y social, debe tener en cuenta los siguientes principios pedagógicos (Figura 3.2.).

3.2. ACERCA DE "EL QUÉ Y EL CÓMO" SE TIENE QUE APRENDER EN LA EFCA

Ya se ha comentado anteriormente que los aprendizajes en la EF son el elemento transversal que nos orienta en nuestra acción didáctica. Estos aprendizajes están mediados por la praxis motriz, entendida ésta como aquella motricidad inteligente, activa, emocional y ética que busca la transformación personal y social. Por lo tanto, una EF que tenga como eje basculante al alumnado se preocupa por el qué, el cómo y, sobre todo, el para qué se aprende. Vamos a continuación a describir las características que debería reunir este aprendizaje.

3.2.1. Aprendizaje experiencial

Tal y como formuló Dewey (2010), la experiencia puede llegar a ser una práctica educativa en la medida en que el alumnado aprende de ella, otorgando significados, compartiendo conocimientos y reflexionando sobre sus propias acciones. En estas experiencias educativas, el aprendizaje situado y contextual juegan un papel fundamental, ya que permiten darle sentido a los escenarios didácticos en los que el alumnado interactúa con los demás y su entorno. Sobre la base de este aprendizaje experiencial está el concepto de "aprender haciendo", del que el paradigma competencial se ha hecho eco. Y se supera, en este sentido, la visión restringida y reduccionista de una EF basada en la recreación y el activismo o "hacer por hacer", sin ningún atisbo de reflexión o crítica sobre las propias acciones.

La lógica secuencial imperante en este aprendizaje experiencial sería el siguiente: primero, se analiza el contexto y la situación donde se ejecuta la acción; a continuación, se ejecuta la acción; y, finalmente, se reflexiona sobre las consecuencias de dichas acciones a partir del significado que otorgamos a los resultados obtenidos. Esta secuencia de pasos lleva al alumnado a interpretar y construir personal y socialmente su conocimiento (Figura 3.3.).

En conclusión, y partiendo de las consideraciones de Díaz-Barriga (2006), una EFCA que tenga en cuenta esta filosofía pedagógica de Dewey, se basa en la hipótesis de que la experiencia motriz del discente produce un aprendizaje más significativo y menos superficial que la docencia instructiva, repetitiva o por memorización. Si bien es cierto que no toda experiencia puede considerarse válida o formativa. Para que así sea, el aprendizaje experiencial tiene que ser inteligente, activo, emocional, ético y transformador, ya que solo así se puede establecer la tan deseada relación de una EF que prepare para la vida.

Figura 3.3.: Secuencia del aprendizaje experiencial.

3.2.2. Aprendizaje crítico, reflexivo y dialógico

Tal y como sugieren Toro-Arévalo & Valenzuela-Mautza (2012), más allá de un "despliegue biomecánico ciego", la motricidad humana está cargada de intencionalidad y simbolismo. Por lo tanto, no podemos ceñir la EF a la mera adquisición de un repertorio de habilidades motrices y desarrollo de capacidades físicas, como si el alumnado fuera un baúl donde todo cabe. Esta visión técnica de la enseñanza debe ser transformada por el enfoque interpretativo y crítico a través del cual el estudiantado otorga significado a lo que aprende y lo aplica para la mejora de su bienestar personal, pero también del social.

El proceso de aprendizaje reflexivo y crítico, por tanto, se debe entender como una manifestación de la motricidad humana caracterizado por el diálogo, la comprensión, la empatía y la corresponsabilidad. En esta "pedagogía de la incertidumbre", el alumnado va descubriendo y construyendo su motricidad a partir de la elaboración de conocimiento compartido con sus compañeros y compañeras, y con su profesorado. Por lo tanto, se deben transformar las experiencias motrices basadas en la estereotipia y la repetición, que no inducen a la reflexión ni al cuestionamiento de los escenarios en los que se produce, por aquellas que inducen a un aprendizaje complejo y profundo, basado en procesos motores y cognitivos superiores.

Sobre estos contextos educativos, que toman como referente la resolución de problemas motores, se estimula el pensamiento complejo, holístico y sistémico, sobre el que gravitan las acciones mentales enriquecedoras (analizar, evaluar y crear). Un saber complejo que obliga al alumnado a percibir y analizar la situación, y a tomar decisiones para seleccionar y activar los esquemas de acción motriz necesarios para resolver la situación planteada (Zabala & Arnau, 2007). Tomando en consideración la propuesta de Biggs (2006), este aprendizaje complejo estaría integrado por estrategias relacionales entre conocimientos y habilidades que tengan como referente acciones mentales como comparar, contrastar, teorizar o formular hipótesis, entre otras.

A partir de aquí, esas experiencias de aprendizaje participativas y contextualizadas promoverán pasar de un alumnado consumidor o receptor de tareas motrices a un agente activo y crítico, que utiliza la actividad física y deportiva para su vida cotidiana (Buscà et al., 2016). Además, en el seno de esta coparticipación toman importancia las aulas democráticas y el aprendizaje dialógico como estrategias didácticas para mejorar los conocimientos, las habilidades y las actitudes del alumnado. Un aula democrática es un espacio de calidez y confianza, basada en la dignidad y el respeto mutuo, donde todos los agentes implicados (docente y discente) pueden manifestarse (verbal y motrizmente) desde la libertad y el pleno convencimiento que sus actuaciones serán tenidas en cuenta y consideradas como experiencias valiosas para la construcción compartida del conocimiento. Las relaciones son de horizontalidad y, por tanto, rompe con las estructuras de poder el aula autoritaria donde el profesorado es el que "ordena y manda", mientras que el alumnado es un mero receptor pasivo y sumiso.

Pensar en introducir el aprendizaje reflexivo y crítico supone ubicar un espacio y un tiempo para su puesta en práctica (Zabala & Arnau, 2007). En nuestro caso, los momentos de encuentro y bienvenida (al principio de la sesión), y el de despedida (al finalizar la misma), ofrecen un escenario propicio para introducir este tipo de aprendizaje. Ello no es óbice, obviamente, para que no se produzcan momentos puntuales durante la fase de actividad motriz en los que se le ofrezca al alumnado las oportunidades para reflexionar en y sobre su propia acción motriz (Schön, 2017), fomentando de esta manera un conocimiento o saber práctico profundo.

Pero no toda reflexión puede considerarse profunda. Bain, Ballantyne, Packer, & Mills (1999) proponen cinco niveles de reflexión que van desde el análisis más básico o superficial hasta el nivel de análisis más complejo o profundo (Figura 3.4.). En los tres primeros niveles (descripción, reacción y relación) solo se entra en la narrativa descriptiva de los acontecimientos. Mientras que en los dos últimos niveles (razonamiento y reconstrucción) ya se entra en el cuestionamiento de las variables, los factores o las causas que determinan un contexto específico o una acción concreta. Se analizan aspectos, además, de por qué o para qué suceden determinados fenómenos.

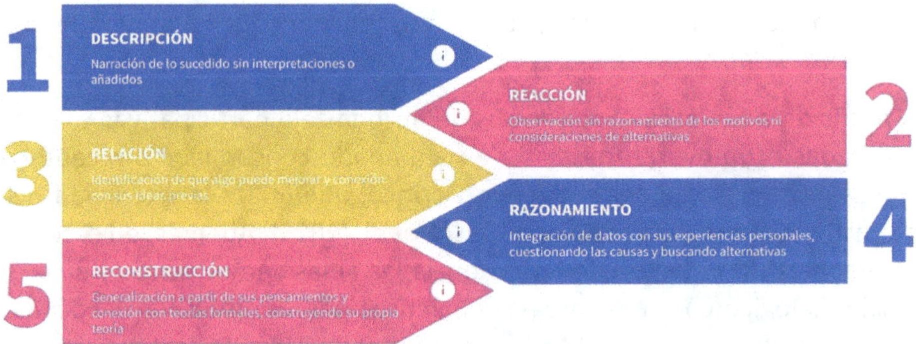

Figura 3.4.: Niveles de reflexión según Bain, Ballantyne, Packer, & Mills (1999).

Sobre la base de este escenario reflexivo, lo que se busca es que el alumnado se pueda autorregular metacognitivamente (Sanmartí, 2020) de tal manera que pueda plantear no solo cómo hacer las cosas, sino (y más importante) el por qué y el para qué las hace. Algunas cuestiones que podemos emplear en el desarrollo de las clases pueden ser las siguientes: ¿cuáles son mis/tus fortalezas/debilidades y propuestas de mejora? ¿qué sabemos, queremos saber, cómo lo podemos saber, qué hemos aprendido y para qué? ¿qué he hecho, cómo lo he hecho y para qué lo he hecho? ¿Qué he emoción he sentido, cómo la he sentido y qué significa, me valió para algo?

Al fin y al cabo, este aprendizaje reflexivo, crítico y dialógico está en la base de una estrategia pedagógica privilegiada para la transformación personal y social de nuestro alumnado.

3.2.3. Tener en cuenta las necesidades del alumnado y hacerlo corresponsable

Cuando hablamos de centrarnos en los aprendizajes de nuestro alumnado, una cuestión que parece básica es partir de (o tener en cuenta) las necesidades de nuestro alumnado. La educación tradicional con demasiada frecuencia ha silenciado la voz del educando, otorgando a la figura educadora la capacidad de detectar y decidir cuáles eran las necesidades de su estudiantado. Nada más lejos de una educación centrada en el alumnado. Resulta absolutamente necesario que seamos capaces de detectar cuáles son las necesidades básicas de nuestro alumnado, por un lado; y por otro, una vez que se ha tomado la decisión hacer corresponsable al mismo de la acción empleada.

De hecho, este menester de atender los intereses y las necesidades del discente no es nueva. Comenio (1592-1670), en su *Didáctica Magna*, ya advertía de este requerimiento para la enseñanza. Cuestión que posteriormente fue refrendada por grandes pedagogos como Pestalozzi, Rousseau, John Dewey y William Kilpatrick , así como por los máximos exponentes de la Escuela Nueva, Moderna o Activa como Decroly, Freinet, Montessori, Claparède, Ferrière, etc.

Si en EF somos capaces de detectar y satisfacer las necesidades de nuestro alumnado, podremos estar en disposición de afirmar que estamos en el buen camino de auspiciar la motivación intrínseca, y esto asegurará la adherencia a un estilo de vida activo y saludable sostenible. En este sentido, son los ambientes de aprendizaje que les planteemos los que deben tener como meta identificar y fomentar los intereses personales y las motivaciones intrínsecas de los estudiantes (Dumont, Istance, & Benavides, 2010).

Por tanto, si nuestra prioridad es fomentar la motivación intrínseca, necesitamos una teoría sobre la que podamos apoyar nuestra fundamentación teórica. Y la respuesta está en la teoría de la autodeterminación (TAD) de Deci & Ryan (1985). Se trata de una macro-teoría que se ha ido desarrollando en las tres últimas décadas y se considera como una de la más sólidas y coherentes para la explicación de la motivación humana. En ella, se analiza el grado en que las conductas humanas son auto-determinadas, es decir, el grado en que las personas realizan sus acciones al nivel más alto de reflexión y se comprometen en las acciones con un sentido de elección (Deci & Ryan, 1985).

Una de las mini-teorías en las que se apoya la TAD es la teoría de las necesidades psicológicas básicas (NPB). Esta mini-teoría asume que existen tres NPB e innatas (competencia, autonomía y relación con los demás) que son absolutamente necesarias para un normal funcionamiento de la mente humana e indispensables para garantizar el bienestar personal. De tal manera que si somos capaces de satisfacer dichas necesidades, podemos augurar una correspondiente implicación de la motivación intrínseca. De entre ellas, es la necesidad de autonomía la que va a centrar nuestra atención en este momento. La autonomía, según esta mini-teoría, consiste en facilitar al alumnado la capacidad para sentirse en disposición de realizar una toma de decisiones consciente y consecuente. Algunas estrategias para satisfacer la necesidad de autonomía según la mini-teoría de las NPB, podrían ser las siguientes (Figura 3.5.).

Pero es que, además, tratar el tema de la corresponsabilidad no es baladí cuando se argumenta que el alumnado es el protagonista (junto con el profesorado) en la toma de decisiones. Exigir que el alumnado sea responsable de sus acciones es un ejercicio de madurez didáctica que no obvia la importancia de auspiciar el empoderamiento, y además no cae en el error de considerar la autonomía como un "dejar hacer". El análisis de las consecuencias extraído a partir de los resultados obtenidos en la toma de decisiones es un aprendizaje de lo más valioso para nuestro estudiantado.

Tal y como formula Freire (2005, p. 103), "la decisión es un proceso responsable". Hay que entender que esta responsabilidad es individual, de cara a asumir las consecuencias directas de la implementación de las acciones (Casado-Berrocal, Pérez-Pueyo, Horgüela-Alcalá, & Fernández-Río, 2019), pero también es una tarea de responsabilidad social o corresponsabilidad hacia los demás y las consecuencias que recaen sobre ellos y ellas a partir de las decisiones que toma nuestro alumnado en la clases de EF. Por eso, debemos hacer explícito a nuestros discentes que el compromiso de la participación en la acción cívica individual puede tener repercusiones en relación con la comunidad (UNESCO, 2015).

Figura 3.5: Estrategias para desarrollar la autonomía según las NPB.

Como se comentó anteriormente, ceder responsabilidades docentes al alumnado no se debe confundir con un "dejar hacer" todo lo que éste quiera. En este sentido, nuestra misión como docentes consiste promover en el alumnado una toma de decisiones consciente, reflexiva, crítica, consecuente y comprometida. Esta es la manera de aspirar a una sociedad con un alto grado de civismo y ciudadanía (Freire, 2005).

Si queremos promover una EF de calidad, según McLennan & Thompson (2015) se trataría de otorgar experiencias de aprendizaje en las que alumnado entienda cómo cumplir con las tareas asignadas y asumir la responsabilidad de su comportamiento. Asumir las consecuencias de sus actos y, por tanto, lidiar con sus propios éxitos y fracasos les va a permitir reforzar el comportamiento prosocial de cara a favorecer su participación en la clases de EF.

En definitiva, entender el aprendizaje como una tarea social colectiva en la que la toma de decisiones tiene unas consecuencias que afectan al individuo, pero también a la comunidad, es la base sobre la que se cimenta la idea de la educación como bien común (UNESCO, 2015).

4

Centrarse en el desarrollo competencial del alumnado para prepararlo para la vida y transformar la sociedad

Cuando decimos que hay centrarse en el alumnado, nos estamos refiriendo al tratamiento integral de la persona, y esto nos lleva, inequívocamente, a considerar el desarrollo competencial como una de las prioridades de una EF que tome al estudiantado como protagonista del proceso de enseñanza-aprendizaje. En este capítulo abordaremos cuestiones como qué entendemos por competencia, de qué forma se puede contribuir a su desarrollo y cómo es su tratamiento en el contexto específico de la motricidad humana.

4.1. ACLARANDO TÉRMINOS

4.1.1. Escuela tradicional vs escuela competencial

Aunque el origen del concepto de competencia puede situarse muy atrás, vamos a tomar como referencia el documento que lo ha universalizado, esto es, el Proyecto DeSeCo (Definición y selección de competencias), promovido por la Organización para la Cooperación y el Desarrollo Económico (OCDE), lanzado a finales de la década de los 90. Este Proyecto DeSeCo ha servido de orientación para que muchos países se sumen al carro de las competencias y las tomen como eje basculante sobre el que gravitan sus respectivas políticas educativas nacionales.

Hay que recordar que, en el origen de las preocupaciones por introducir el concepto de competencia, está el hecho de transformar la escuela desde un visión tradicional (basada en la distribución enciclopedista y disciplinar de las asignaturas, donde se prioriza la repetición y los procesos cognitivos inferiores como la memorización) hacia una escuela innovadora (basada en el desarrollo de capacidades y competencias, de distribuciones globalizadas e interdisciplinares, y donde se hace hincapié en los procesos cognitivos superiores como la valoración o la creación). Esta escuela alternativa e innovadora hace una apuesta fuerte por el desarrollo integral de saberes del alumnado (Delors, 1996) y por el desarrollo de aprendizajes funcionales, ya que la escuela tradicional ha evidenciado su "manifiesta incapacidad del alumnado de aplicar los conocimientos aprendidos en la escuela para resolver sus problemas cotidianos" (Zabala & Arnau, 2014, p. 10).

Frente a una escuela tradicional que prima la acumulación de conocimientos sin aplicación de estos, y que se considera a sí misma como una cadena montaje (tal inspiración le viene de la Revolución Industrial de la que es heredera) con carácter propedéutico y selectivo (Zabala & Arnau, 2007), se busca una escuela que prepare para la vida, que sea productora y no sola reproductora de conocimientos. Aspecto éste promovido en su momento por la Escuela Nueva o Activa, que no sólo cuestionó de manera radical la enseñanza tradicional o transmisiva, sino que buscó colocar al alumnado como el protagonista del proceso educativo (Díaz-Barriga, 2011). Según este mismo autor, el empleo de la noción de competencias responde simultáneamente a dos inquietudes: por un lado, la búsqueda de una educación dirigida hacia la resolución de problemas del entorno; y, por otro lado, el rechazo a la perspectiva enciclopédica, centrada en la memorización, careciendo de una aplicación de los conocimientos para la vida real de las personas.

4.1.2. Concepciones del constructo competencia

Entre las distintas concepciones que se tienen de las competencias, Le Boterf (2000) las clasifica en dos polos (Cano et al., 2011) (Tabla 4.1.). Siendo el polo interpretativo el que se acerca más al enfoque de una escuela innovadora que apueste por la cesión de responsabilidades en la toma de decisiones por parte del alumnado.

Polo	Polo
Paradigma positivista	Paradigma interpretativo
Concepción técnica	Concepción holística
Taylorismo, fordismo	Trabajo complejo, transferencia
Conductual	Cognitivo
Cualificación profesional	Desarrollo profesional y personal
Conjunto de destrezas	Saber actuar

Tabla 4.1.: Polos en las concepciones de las competencias.

Díaz-Barriga (2011), por su parte, ha identificado seis escuelas de pensamiento en el campo de las competencias: el enfoque laboral, el disciplinario, el funcional, el etimológico, los enfoques psicológicos (conductual o socioconstructivista) y el pedagógico didáctico (Tabla 4.2.).

Enfoque	Descripción
Laboral	La competencia laboral es la orientación hacia el desempeño en el trabajo, con un importante acervo de capacidades personales y sociales, como trabajar en equipo y saber relacionarse.
Conductual	El planteamiento curricular moderno se formuló sobre la teoría de objetivos comportamentales, desde la perspectiva del análisis de tareas. En este desplazamiento sutil proponen que una competencia se formule con un verbo, una conducta o desempeño y las condiciones de ejecución que permiten su evidencia.
Etimológico	El sentido del término desde la filosofía griega, al mismo tiempo que sugiere que en el origen latino, el término *competere* se empleaba tanto para lo que llevaría al sustantivo *competencia* como al adjetivo *competente*, esto es, lo que compete a cada quién.
Funcional o sistémico	A la cabeza de este enfoque se encuentran los trabajos del Programa de Evaluación Internacional reconocido como PISA, que ha impulsado la OCDE. Un discurso de habilidades y destrezas para la vida. Una competencia se concibe como "algo más que los conocimientos y las destrezas, ya que involucra la habilidad de enfrentar demandas complejas, apoyándose en y movilizando recursos psicosociales (incluyendo destrezas y actitudes) en un contexto en particular" (OCDE, 2003, p. 4). Son tres las categorías en las que se clasifican estas competencias: usar herramientas de manera interactiva (lenguaje y tecnología), interactuar con grupos heterogéneos, y tomar decisiones en forma autónoma.

Enfoque	Descripción
Socioconstructi-vista	Se refiere a reconocer el papel del sujeto en la construcción de su conocimiento, a la relación con lo que denominan *aprendizaje situado-aprendizaje en contexto*, y al reconocimiento de la necesidad de graduar, de acuerdo con la complejidad intrínseca de la construcción del conocimiento, cada proceso de aprendizaje.
Pedagógico-didáctico	El pensamiento didáctico como "un saber para la vida", en lugar de "un saber para la escuela".

Tabla 4.2.: Escuelas de pensamiento en el campo de las competencias (Díaz-Barriga, 2011).

En una EFCA toma partido por una idea interpretativa, pero, sobre todo, crítica de las competencias. No solo preparan para la vida, sino que inducen a la transformación de las personas y de las sociedades para lograr un mundo mejor. En este sentido, se posiciona más cercano a los enfoques sistémicos, socioconstructivista y pedagógico.

4.1.3. Definición y características de las competencias

El término competencia es polisémico, confuso, molar y ubicuo (Buscà, Moneo, Rodríguez-Martín, Hernández, & Murillo, 2016; Cano et al., 2011). Fruto de ello, se pueden encontrar infinidad de definiciones que, lejos de aclarar, pueden generar mayor desconcierto entre el lector que las consulta, ya que todas ellas se pueden situar en un paradigma de referencia u otro.

En el resumen ejecutivo de DeSeCo (OCDE, 2003), se entiende que "una competencia es más que conocimientos y destrezas. Involucra la habilidad de enfrentar demandas complejas, apoyándose en y movilizando recursos psicosociales (incluyendo destrezas y actitudes) en un contexto en particular" (p. 3). Siendo esta una de las definiciones más generalizadas y difundidas entre los diversos documentos institucionales de los países miembros de dicha institución.

Ahora bien, a partir de las múltiples aportaciones que diversos autores han realizado, se puede dilucidar que las competencias reúnen una serie de características como que (Blázquez Sánchez et al., 2019; Zabala & Arnau, 2014):

- Son un conjunto de conocimientos, procedimientos y actitudes inter-relacionados o integrados. No se trata de dimensiones o comparti-mentos estancos.

- Son definibles desde la acción. Entendidas como un saber hacer (mo-vilización de recursos personales) o un conocimiento práctico.

- Evolucionan con la práctica. Por lo tanto, no se puede afirmar que "se es o no se es" competente, sino que existen diversos grados de desa-rrollo (Zabala & Arnau, 2007, 2014). Y esto conlleva una implicación didáctica inmediata: las competencias no se enseñan, sino que se ge-neran entornos de aprendizaje para su promoción y mejora.

- Se manifiestan en función de la situación o del contexto.

- Al igual que las capacidades (que se entienden como el potencial para desarrollar una actividad), las competencias no son directamente ob-servables. Se requieren indicadores indirectos de logro que permitan valorar el grado de desarrollo del nivel competencial.

4.2. COMPETENCIAS CLAVE CENTRADAS EN LA TOMA DE DECISIONES

A partir de la propuesta del *Proyecto DeSeCo* (OCDE, 2003), la Unión Euro-pea (UE) ha procedido a concretar estas competencias claves en el ámbito educativo. En su programa *Educación y formación a lo largo de la vida* (2006), la UE adoptó un marco teórico que contempla ocho competencias clave. En este programa se recomienda incorporar dichas competencias en las respectivas políticas educativas nacionales y, por tanto, en sus conse-cuentes sistemas educativos. De acuerdo con esta Recomendación, las Competencias clave se definen "como una combinación de conocimientos, capacidades y actitudes adecuadas al contexto. Las competencias clave son aquellas que todas las personas precisan para su realización y desarrollo personal, así como para la ciudadanía activa, la inclusión social y el empleo" (p. 4).

En el Sistema Educativo Español son siete las competencias clave sobre las que se orienta la formación pedagógica del alumnado: comunicación lin-güística, competencia matemática y competencias básicas en ciencia y tec-nología, competencia digital, aprender a aprender, competencias sociales y cívicas, sentido de la iniciativa y espíritu emprendedor, y conciencia y ex-presiones culturales. Dado el marco de referencia que consideramos para una EF centrada en el alumnado, todas serían igualmente válidas para tomarlas en consideración. No obstante, aquellas que hacen más hincapié en la toma de decisiones por parte del alumnado serían tres:

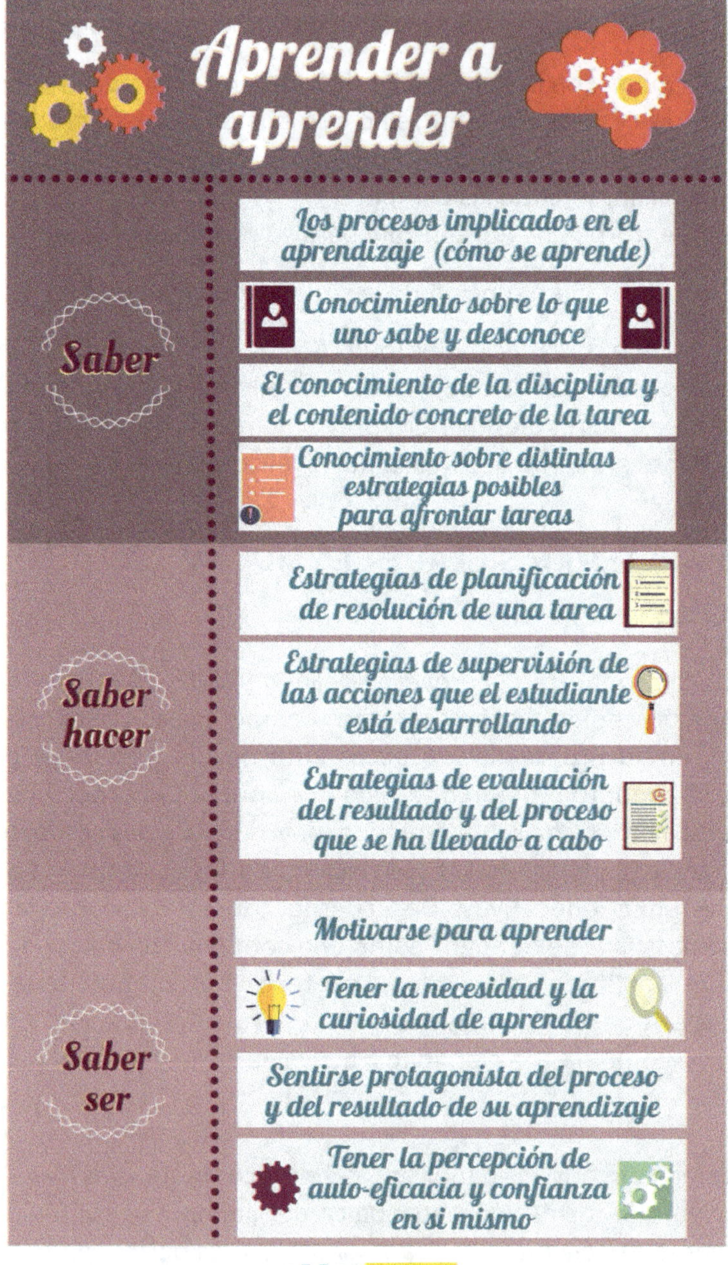

Figura 4.1.: Dimensiones de la competencia clave "Aprender a aprender". Fuente: Ministerio de Educación (2006).

Figura 4.2.: Dimensiones de la competencia clave "Competencias sociales y cívicas". Fuente: Ministerio de Educación (2006).

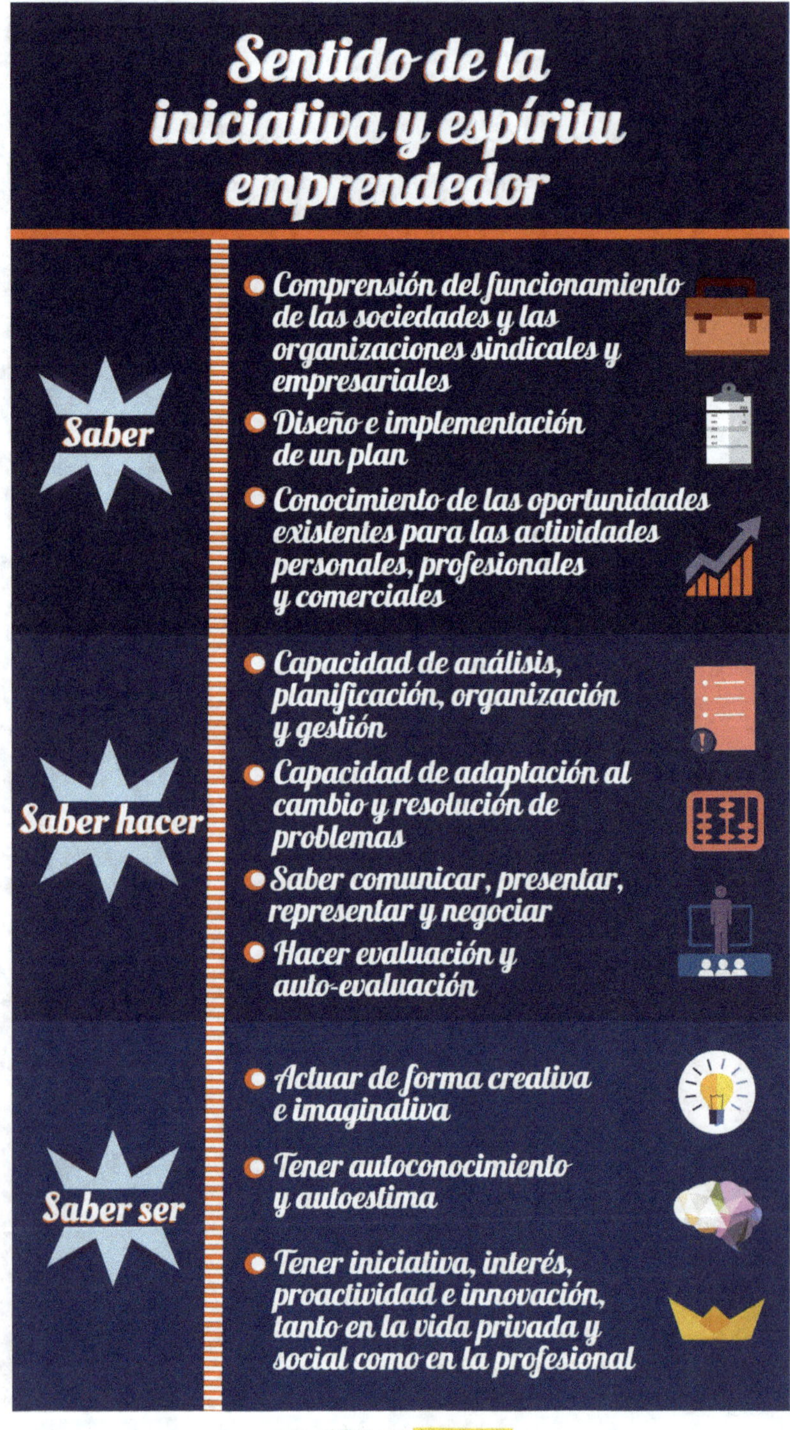

Figura 4.3.: Dimensiones de la competencia clave "Sentido de la iniciativa y espíritu emprendedor". Fuente: Ministerio de Educación (2006).

Una vez que hemos identificado las competencias que, a nuestro juicio tienen una relación mayor y más directa con un enfoque educativo centrado en el alumnado, consideramos que se hace necesario, en este punto, abordar tres cuestiones vinculadas directamente con estas tres competencias clave: la autorregulación del aprendizaje, la autonomía discente y el aprendizaje situado.

4.2.1. La autorregulación del aprendizaje

En una sociedad intoxicada por la acumulación de información (en muchas ocasiones tergiversada o directamente falsa), parece imprescindible dotar al educando de estrategias que le permitan generar conocimiento a partir de esta ingente amalgama de datos. Es aquí donde entra en juego la autorregulación. Esta capacidad permite que el estudiantado identifique cuáles son sus objetivos de aprendizaje, establezca planes de acción para lograrlos y analice o evalúe el logro de dichos objetivos, así como la viabilidad de los planes elegidos.

A partir de los escenarios de aprendizaje que ofrezcamos a nuestro alumnado, se deberá de poner en juego una serie de habilidades promotoras de la autorregulación como son:

- Gestionar la información (buscarla, analizarla y realizar un juicio crítico con ella).
- Identificar los objetivos de aprendizaje y persistir para lograrlos.
- Control de los tiempos para adquirir los conocimientos, las habilidades y las actitudes.
- Planificación de acciones para lograr los objetivos de aprendizaje.
- Autodisciplina y autocontrol para monitorear y evaluar los aprendizajes.

Según Zimmerman & Moyla (2009, p. 300), el proceso sería el siguiente (Figura 4.4.):

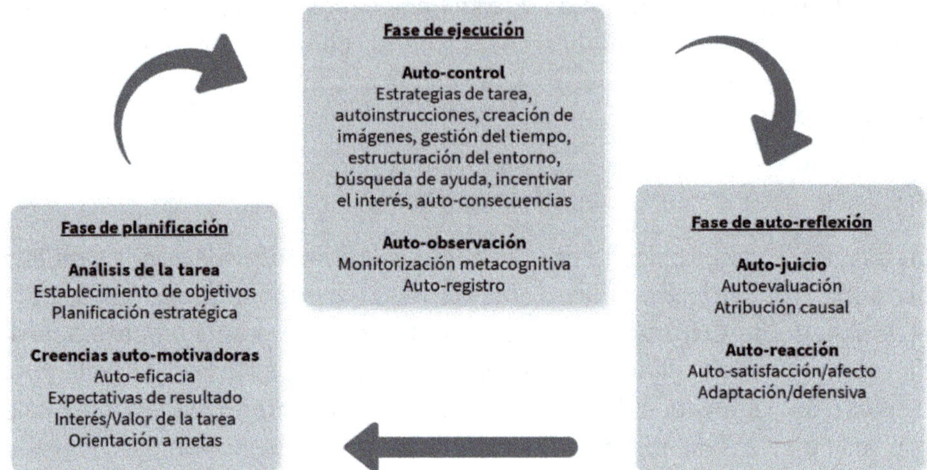

Figura 4.4.: Proceso de autorregulación según Zimmerman & Moyla (2009, p. 300).

¿Qué implicaciones tiene esto para la EFCA? Pues como se verá más adelante, son dos las herramientas que principalmente hacen uso de los procesos de autorregulación: la negociación curricular y el portafolio. Ambos se tratarán en capítulos posteriores. No obstante, cabe decir que, *grosso modo*, en nuestras clases de EF deberíamos de provocar situaciones que hagan reflexionar de manera profunda y crítica al alumnado sobre su proceso de aprendizaje. Partiendo de la propuesta de Swartz, Costa, Beyer, Reagan, & Kallick (2016), entre otras cuestiones podemos formular algunos interrogantes como "¿Qué quieres/quiero aprender? ¿De qué manera lo quieres/quiero aprender? ¿Qué has/he aprendido? ¿De qué forma lo has/he aprendido? ¿Qué conocimientos, habilidades o actitudes has/he mejorado? ¿Para qué te/me puede valer? ¿Lo puedes/puedo aplicar en otros contextos?".

En resumen, en la medida en que seamos capaces de ofrecer oportunidades para el fomento de los procesos de autorregulación en nuestras clases de EF, nos estaremos asegurando el desarrollo de la competencia del discente para aprender a lo largo de toda su vida, o lo que es lo mismo, dotándole de una significativa alfabetización motriz.

4.2.2. La autonomía discente como eje dinamizador para el enriquecimiento de las situaciones de aprendizaje

Etimológicamente, autonomía proviene del griego *autos*, que significa propio o por sí mismo, y *nomos*, cuyo significado es el de ley o norma. Parece que se empezó a emplear este término en la antigua Grecia para designar la capacidad de los ciudadanos para vivir según sus propias leyes. En el ámbito pedagógico, aunque Rousseau, Pestalozzi y Kant ya habían tratado el tema, bien es cierto que sus ideas no fueron tomando cuerpo hasta bien entrado el siglo XIX y principios del siglo XX. Principalmente, a partir de las propuestas del movimiento conocido como la Escuela Nueva, con autores tan relevantes como Montessori, Decroly, Freinet, Giner de los Ríos o Ferre i Guardia, entre otros.

En general, podemos considerar la autonomía como la capacidad para tomar decisiones de manera individual y colectiva de forma reflexiva, crítica y responsable (Gómez Rijo, 2013). Esta definición tiene una implicación directa, y es la necesidad de hacer responsable a la persona que decide (Freire, 2005). Y es que, al dar protagonismo al alumnado en nuestras clases de EF, estamos cediendo parte de nuestras responsabilidades para que sea el estudiantado quien asuma ese rol docente que le permita asumir algunas de las funciones tradicionalmente asignadas al profesorado, tales como el diagnóstico, el diseño, la planificación, la implementación o la evaluación de tareas. Esto se manifiesta mediante algunas estrategias didácticas como la negociación curricular, la autogestión o la participación en la evaluación (aspectos que se abordarán en la segunda parte de este libro).

Pero ceder protagonismo al alumnado no debe quedarse única y exclusivamente entre las paredes de la escuela. Una EF que apueste por el educando debería favorecer escenarios de aprendizaje que pongan de manifiesto su responsabilidad personal y social, que le ayuden no solo a tomar decisiones sobre sus propios hábitos de vida, "sino también una EF más reflexiva y comprometida con los problemas y las injusticias sociales, es decir, una EF más crítica" (Lorente-Catalán, Gatell i Novell, & Joven, 2018, p. 250).

En esta línea se pronuncian también Devís-Devís & Pérez-Samaniego (2015), para quienes se trataría de pasar a un escalón superior, entendido por ellos como "principio de capacitación o empoderamiento". Para estos autores, la autonomía se circunscribe al aula, mientras que el empoderamiento trasciende este contexto para alcanzar cotas de grupos sociales y comunitarios. El principio rector que rige esta capacitación o empoderamiento estaría en lo que Freire (2005) denominó concientización.

Entendida como la toma de conciencia de las personas acerca de los problemas que les afectan para liberarse de los mismos.

Finalmente, que duda cabe que, precisamente esta necesidad de fomentar la autonomía de nuestro alumnado, se erige en uno de los grandes retos a los que se enfrentan los grandes sistemas educativos de las democracias actuales (Pérez-Gómez, 2012).

4.2.3. El aprendizaje situado como significados contextualizados

Si bien podemos entender hasta ahora el proceso de aprendizaje como una manifestación del comportamiento humano caracterizado por el diálogo, la comprensión, la empatía y la responsabilidad, lo cierto es que, desde un punto de vista competencial, estas habilidades solo son dotadas de significado en la medida en que son puestas en práctica en un contexto determinado. Esto es lo que entendemos por aprendizaje situado.

Esta forma de entender el aprendizaje nos remite a comprender que las mejoras en la enseñanza vendrán dadas en la medida en que sepamos identificar que la escuela trata de preparar para la vida. No se trata, pues, de un ente aislado sino que está abierto e influenciado por el entorno social, y que la persona interactúa con el contexto para dotar de significados sus conocimientos (Blázquez Sánchez et al., 2019).

Por lo tanto, bajo este enfoque situado, las situaciones de aprendizaje deberán reunir una serie de requisitos como son:

- Basarse en tareas auténticas, o lo más reales posibles a los escenarios en los que el alumnado desempeñará sus competencias fuera del aula.
- Tener en cuenta las características del contexto físico, social y cultural donde está el centro escolar.
- Las competencias no se enseñan, sino que se desarrollan. Por eso se diseñan tareas simuladas, intentando ajustarse lo más posible a un contexto en el que se ponen en juego dichas competencias.
- Evitar el academicismo alejado de las situaciones reales, ya que estas últimas son las que dotan de significado los aprendizajes del alumnado.
- Diseñar tareas interdisciplinares y globalizadas, en el formato de resolución de problemas, que promuevan la colaboración e interacción del alumnado con los demás y con el entorno ecológico, social y cultural que les rodea.

- Entender que el aprendizaje es una experiencia que integra pensamiento, acción y emoción, y donde aprender y hacer son dos acciones inseparables (Díaz-Barriga, 2006).
- El contexto es parte de la intervención educativa y, por tanto, debe focalizarse en la consecución de los postulados de la justicia social y la pedagogía crítica (Moreno-Doña, Toro-Arévalo, & Gómez-Gonzalvo, 2020).

Y todo ello con una meta clara, y es que "se educa con una finalidad que no es inmediata, sino que tiene el propósito de que aquello que ahora se enseña y se aprende en un contexto escolar pueda ser utilizado en su día en la realidad" (Zabala & Arnau, 2007, p. 124).

4.3. LA IMPORTANCIA DE LA COMPETENCIA MOTRIZ

Como ya se comentó anteriormente, el paradigma competencial es un sustrato epistemológico que ya es ampliamente aceptado en el ámbito de los sistemas educativos internacionales y, concretamente, en el diseño y desarrollo curricular. Desde la Ley Orgánica de Educación -LOE- (2006) hasta la actualidad, los sistemas educativos españoles se han posicionado en este paradigma y han considerado las competencias (primero denominadas *básicas* y, posteriormente, *clave*) como referente formativo en el alumnado.

Sin embargo, y dado que la formación integral del alumnado es una aspiración de todo sistema educativo, a nadie se le escapa que el ámbito de la motricidad de la persona es una exigencia que se debe constatar y, por tanto, contar con su representación pertinente en el ámbito de las competencias. Esto requiere que la competencia motriz sea reconocida (social e institucionalmente) como una competencia más, en el caso que nos ocupa, caracterizada como una competencia específica (Gómez-Rijo, Fernández-Cabrera, Hernández-Moreno, Sosa-Álvarez, & Pacheco-Lara, 2020).

En este apartado vamos a centrarnos en dos aspectos que consideramos esenciales: por un lado, en la necesidad de que la EFCA pueda tener referente un teórico y epistemológico acerca de qué hablamos cuando nos referimos a la competencia motriz. Y, por otro lado, consideramos fundamental que el profesorado, a partir de este conocimiento teórico, tenga herramientas (conocimiento práxico) para poder desarrollar con garantías estrategias didácticas que pongan en práctica la competencia motriz en el ámbito educativo, y por tanto, contribuir a su desarrollo.

4.3.1. La competencia motriz como competencia específica. Consideraciones acerca de su construcción epistemológica

Siguiendo la clasificación del Proyecto Tuning (2006), la competencia motriz es una competencia específica y puede ser definida como "la capacidad para el desarrollo de la motricidad humana, con adecuación a las dimensiones biológica, afectiva, cognitiva, interactiva y de ejecución práctica, que se manifiesta a través de la conducta motriz, en una situación motriz específica, para la resolución de problemas motores" (Gómez-Rijo et al., 2021, p. 383) o dicho de otro modo, la capacidad para resolver problemas motores a través de las conductas motrices. Por su naturaleza de exclusividad, la competencia motriz solo puede ser desarrollada en un contexto o situación motriz y, por tanto, en un escenario que tome como referente el objetivo motor. Aunque la competencia motriz puede manifestarse y desarrollarse en la diversidad de contextos formal, no formal e informal, la propuesta que aquí se expone está focalizada para el ámbito académico o formal, el que se produce en las clases de Educación Física (Figura 4.5.).

La motricidad es un componente inherente al ser humano que lo dota de estructura y funcionalidad para desenvolverse en el mundo de una manera eficaz. Y por tanto, puede y debe ser educable de manera transversal por todas las asignaturas que componen el currículo. Sin embargo, nuestra asignatura es la que ofrece mayores posibilidades para ser *competente en y competente para* la motricidad (Ruiz, 2014), pero ello no es óbice para considerar las oportunidades que nos ofrecen el resto de las asignaturas en su contribución a la motricidad humana.

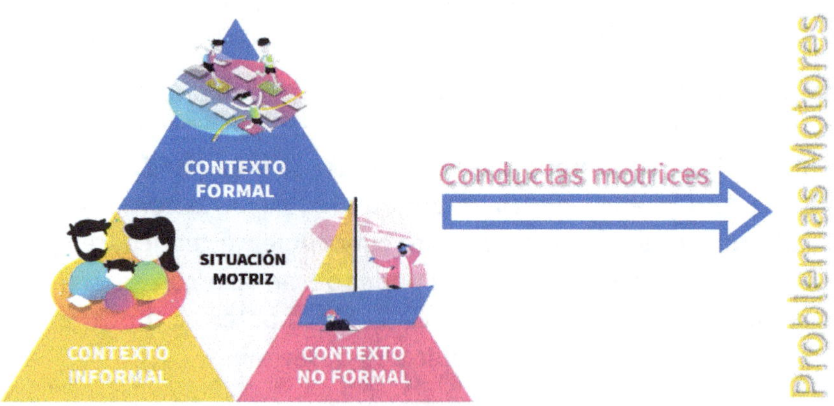

Figura 4.5.: Concepto de competencia motriz.

4.3.2. La competencia motriz en las clases de Educación Física

La concepción de competencia motriz lleva implícitas varios planteamientos didácticos que deben tenerse en cuenta a la hora de plantear los escenarios educativos basados en las tareas motrices y sus respectivas fases (diagnóstico, planificación, diseño, implementación y evaluación). Para empezar, y aunque solo se puede hablar de una competencia motriz, hay que tener en cuenta como base prioritaria el contexto donde se desarrolla (y por tanto la interacción con el medio y los demás). Esta perspectiva ecológica y situada nos lleva a plantearnos una primera limitación: centrar la atención en el ámbito formal (o curricular/educativo/institucional).

La motricidad humana, no obstante, es única e integrada y, por lo tanto, dependiendo del contexto en el que nos situemos, se podrá diferenciar entre la *competencia motriz* (que bascula sobre los objetivos motores) y la *competencia no motriz* (cuya intencionalidad no es incidir en la propia motricidad). Un ejemplo de la primera sería "intentar superar en grupo de cuatro personas el récord mundial de salto de longitud". Como ejemplo de la segunda tendríamos "cargar una bombona de butano hasta un 4º piso sin escaleras". Obviamente, no son compartimentos estancos. Entre sí se retroalimentan y el desarrollo de una beneficia a la otra (Figura 4.6.). De ahí la necesidad de adoptar un estilo de vida activo, saludable y sostenible que vaya más allá del horario curricular.

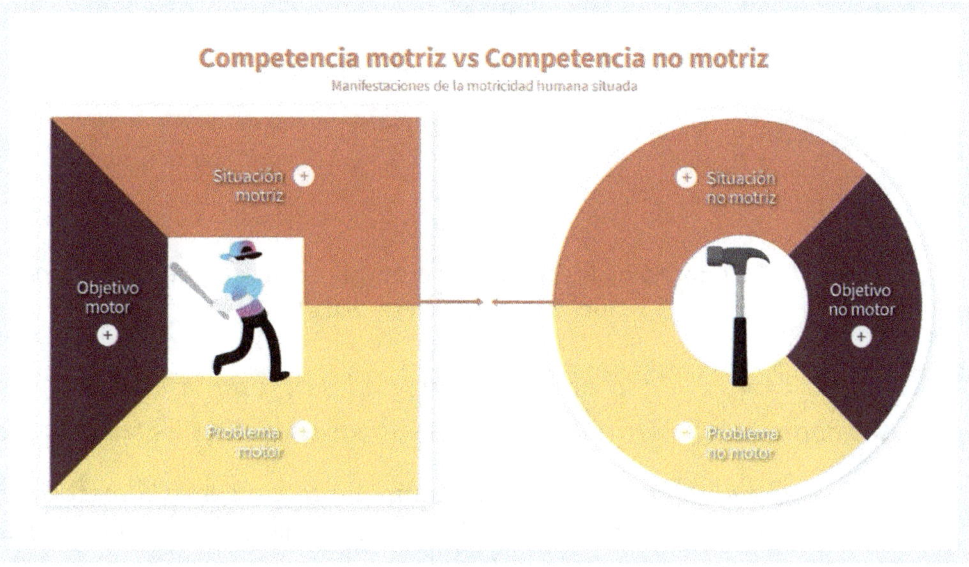

Figura 4.6.: Manifestaciones de la competencia motriz – no motriz en función del contexto.

A partir de la propuesta de Galera (2013), si ponemos en el foco en la competencia motriz (o lo que es lo mismo, la que es educable intencionalmente por nuestra parte docente), se puede diferenciar entre una *dimensión individual* vinculada a conductas perceptivo-motrices (conciencia corporal, estructuración espacial y estructuración temporal) y conductas motrices de ejecución (que, a su vez se pueden discriminar entre *cualitativas o coordinativas,* por ejemplo, desplazamientos, saltos, giros, etc.; y *cuantitativas o condicionales,* por ejemplo, fuerza, resistencia, velocidad y flexibilidad); y una *dimensión social o interactiva*, relacionada con cuestiones de toma de decisiones que se manifiestan en las conductas motrices a través de las manifestaciones sociales de la motricidad (juegos motores, deportes, expresión corporal e introyección motriz). Como ejemplo de estas conductas motrices de decisión tendríamos capturar, marcar gol, reproducir un baile, etc. (Figura 4.7.).

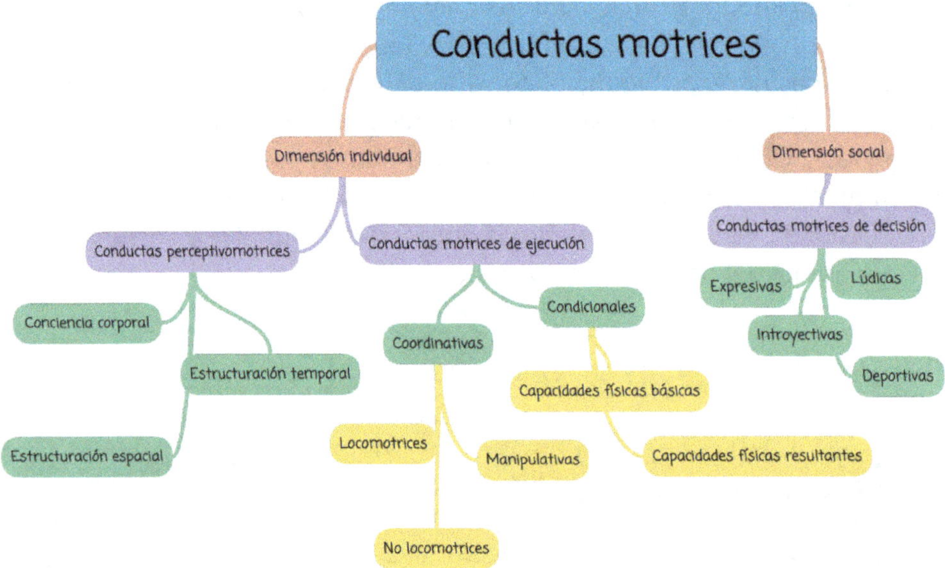

Figura 4.7.: Taxonomía de las conductas motrices en la competencia motriz (modificado de Galera, 2013).

4.3.3. *Los campos de la acción motriz y el mapa de la competencia motriz como herramienta para el análisis competencial del alumnado*

Como se comentó anteriormente, ser competente *en y para* la motricidad supone gestionar una serie de conocimientos, habilidades y actitudes que nos permitan resolver de manera eficaz (a través de las conductas motrices) un problema motor que nos plantea el contexto en el que nos situemos. Si esto es así, habrá que buscar un referente didáctico que nos oriente en el diagnóstico, planificación, diseño, implementación y evaluación las tareas motrices planteadas como situaciones problema. Y este referente es el objetivo motor, entendido como "la intención de la persona de hacer participar su motricidad, es la intención de la persona de poner en juego su motricidad, es la finalidad que tiene la persona de hacer uso de su motricidad" (Rodríguez-Ribas, 2010, p. 8). El objetivo motor nos remite a una situación problemática que hace que la persona ponga en juego sus conductas motrices para resolverla de la manera más exitosa y eficaz posible. Esto nos situaría en el desarrollo de la competencia motriz de una manera clara e inequívoca.

Ahora bien y desde un planteamiento didáctico, ¿sería suficiente esto para desarrollar una Educación Física que contribuyera de manera real al desarrollo de la competencia motriz? Nosotros consideramos que no.

Una primera propuesta interesante fueron los dominios de acción de motriz (Larraz, 2004), que supusieron un avance en su momento respecto al modo de programar. Sin embargo, consideramos que, a la hora de programar en EF, debemos introducir un constructo novedoso: *los campos de acción motriz -CAM-* (Figura 4.8.). Lo hemos denominado campo porque consideramos que se trata del ámbito que es propio de una actividad o conocimiento (RAE, 2019), en este caso, lo situamos en el contexto de las actividades físico-deportivas. Supone un nuevo modelo de análisis ya que toma como referente el objetivo motor (situación problemática) además de incluir dos ámbitos específicos: la interacción con los demás (Parlebas, 2003) y las manifestaciones sociales de la motricidad. Un campo de acción motriz podemos definirlo como:

> Un conjunto de praxis motrices que, teniendo como referente el objetivo motor, se integran dentro de una misma lógica interna.

Finalmente, si combinamos los objetivos motores con las dimensiones interactivas de las praxis motrices y las manifestaciones sociales obtendremos el *mapa de la competencia motriz*. Esta es la herramienta que nos va a permitir diagnosticar, planificar diseñar, implementar y valorar las tareas motrices encaminadas al desarrollo de la competencia motriz. Equilibrar la diversidad de situaciones motrices que se den a lo largo de la escolaridad será el reto docente para no inclinar la balanza de la asignatura hacia ninguna orientación didáctica monopolizadora.

Tomando como referente la ampliación de los objetivos motores propuesta por Troya (2018), las manifestaciones sociales de la motricidad y los dominios de interacción motriz de Parlebas (2003), podemos establecer el mapa de la competencia motriz que servirá de referente para una EF basada en el desarrollo de la competencia motriz (Figura 4.9.).

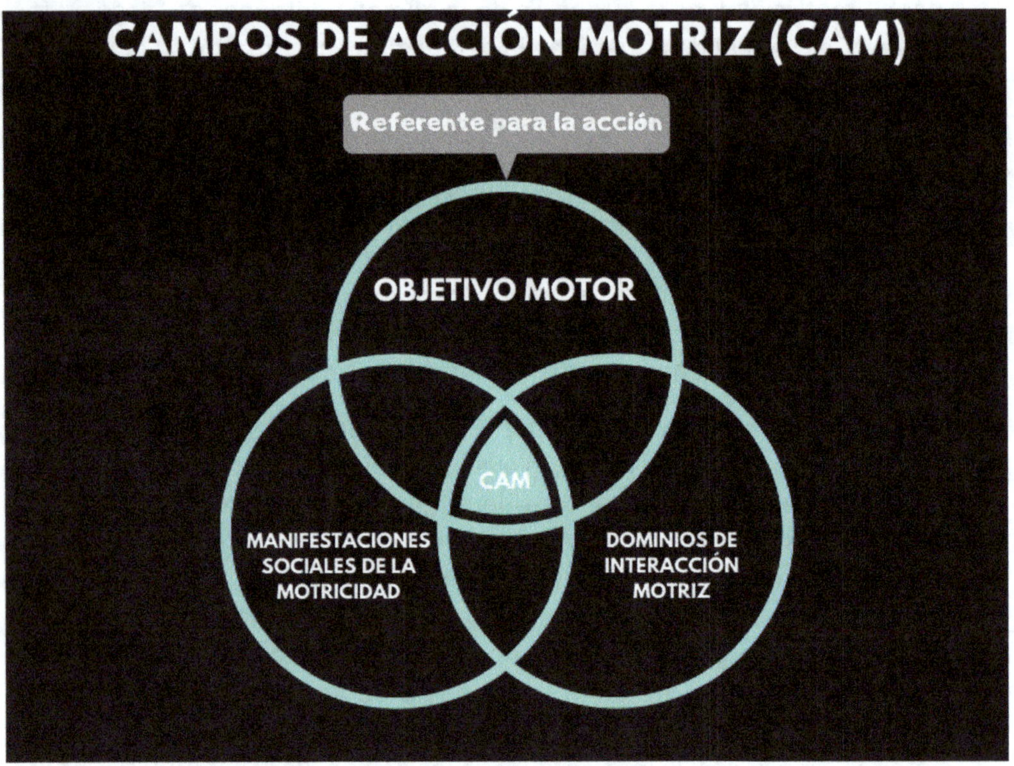

Figura 4.8.: El campo de acción motriz (CAM) como interacción de praxis motrices.

Criterio I: El objetivo motor de la tarea (OM)

1. Situar el móvil en un espacio y/o evitarlo: situación/es cuyo objetivo consiste en ubicar el móvil en determinadas zonas estratégicas del espacio y/o evitarlo.

2. Efectuar y/o evitar traslaciones: situación/es cuyo objetivo es realizar una acción y efecto de trasladar/se una persona o cosa y/o evitarlo.

3. Combatir cuerpo a cuerpo con o sin implemento y/o evitarlo: situación/es en las que se produce un enfrentamiento corporal y/o se evita, con la presencia o no de un implemento que caracteriza la contienda.

4. Reproducir modelos y/o evitarlos: situación/es cuyo objetivo motor prioritario es realizar patrones motores establecidos con anterioridad y/o evitarlo.

5. Efectuar actividades interoceptivas: situación/es que persiguen el desarrollo de conductas motrices encaminadas a la búsqueda de sensaciones y/o emociones de carácter interno (yoga, relajación, etc.).

6. Crear nuevas formas de movimiento o combinar diferentes técnicas de forma improvisada (un bailarín que va creando una coreografía a medida que la va ejecutando, dos actores que improvisan una situación determinada en teatro, etc.).

Criterio II: Manifestaciones sociales de la motricidad (DIJE)

1. Deporte (D)
2. Introyección motriz (I)
3. Juego motor (J)
4. Expresión corporal (E)

Criterio III: Situaciones de interacción motriz (SIM)

1. Situaciones motrices en solitario (no hay interacción motriz).

2. Situaciones motrices colaborativas (interacción motriz con compañeros/as).

3. Situaciones motrices antagónicas (interacción motriz con adversarios/as).

4. Situaciones motrices adaptativas o ambientales (interacción con el medio o entorno físico en solitario, colaborativas o antagónicas).

A lo largo de toda la escolaridad, la EFCA debería ofrecer escenarios de aprendizaje que contengan una diversidad de combinaciones entre las distintas situaciones motrices que se diseñen, bien a partir de las manifestaciones sociales de la motricidad, bien utilizando las situaciones de interacción motriz, pero, en cualquier caso, siendo el objetivo motor quien marque la guía para la orientación en la implementación de las propuestas educativas.

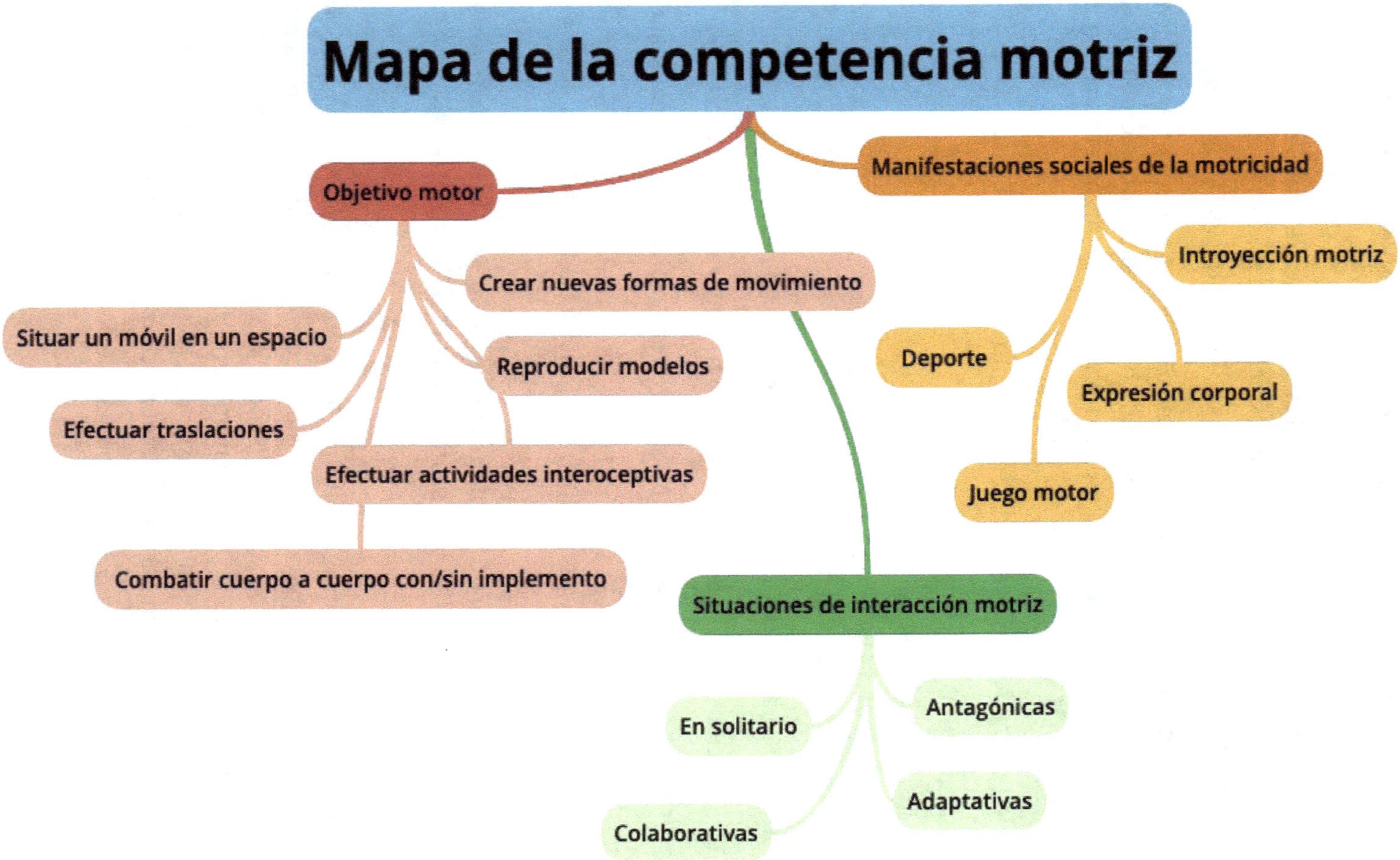

ANTONIO GÓMEZ RIJO

Mapa de la competencia motriz

Figura 4.9.: Mapa de la competencia motriz

BLOQUE II

ACCIONANDO LA REFLEXIÓN

5

Negociar con el alumnado el currículo

En este capítulo, que comienza el bloque de las propuestas prácticas para dar protagonismo al alumnado, se abordará dos cuestiones básicas para construir un currículo negociado. En primer lugar, se dilucidará qué se entiende por currículo, qué tipos de currículos existen y cuál es más coherente con una EF centrada en el educando. En segundo lugar, nos adentraremos en la pirámide de la negociación curricular de cara a valorar qué puede ser susceptible de ser afrontado de manera colaborativa docente-discente y, si esto es posible, qué tipo de decisiones podemos ceder para que esta construcción consensuada del currículo sea lo más participativa posible.

5.1. UN CURRÍCULO CENTRADO EN EL ALUMNADO

¿Es esto posible? ¿Acaso no todos los currículos están centrados en el desarrollo y aprendizaje del estudiantado? A simple vista, nos podría parecer que sí, pero un análisis un poco más profundo pone de relieve que la actual apuesta de currículo de las políticas educativas y sus respectivos sistemas pedagógicos centran las decisiones en el profesorado como "experto", dejando al alumnado un mero papel reproductor y consumidor de contenidos y de cultura. Sin embargo, un verdadero currículo que apueste por ceder responsabilidades a la figura discente debería de ser un manifiesto que entienda que los y las estudiantes son personas con capacidad de decisión, con poder de producir y crear conocimiento y saberes, así como de transformar la sociedad, si se lo proponen.

El currículo puede ser visto por las y los educadores como un documento infructuoso, burocrático, y de escaso valor para la práctica real de aula. Sin embargo, la postura ideológica sobre el currículo que mantenemos aquí es el de una propuesta acerca de lo que puede servir y es enriquecedor para la clase y para el proceso educativo (Gómez Rijo, 2013). Desde esta perspectiva, debemos considerarlo como una herramienta formativa que sirve para (re)orientar la enseñanza y el aprendizaje, visto más como una declaración de intenciones, que propone más que dispone, y en la que el profesorado hace de él un uso de guía o acompañamiento para poner en valor lo realmente significativo, que es la toma de decisiones de nuestro estudiantado. En definitiva, un documento concebido como proyecto y como proceso (López Pastor, Monjas Aguado, & Pérez Brunicardi, 2003).

Coincidimos plenamente con la postura de Kirk (1990), y entendemos el currículo como un cruce de prácticas de tres variables inseparables: conocimiento, interacción y contexto. Por lo tanto, hay que superar la visión restringida, superficial y cerrada que lo considera meramente como un conjunto de objetivos, contenidos, competencias, métodos pedagógicos y criterios de evaluación, tal y como lo plantean las administraciones educativas. Esta forma reduccionista de concebir el currículo conlleva implícito la figura de un profesorado "aplicador de programas", en muchas ocasiones de forma irreflexiva, mecánica y rutinaria. Sin embargo, nosotros lo entendemos como un documento vivo, abierto, flexible y dinámico, que toma sentido en un contexto a partir de la interacción del estudiante con los conocimientos, habilidades y actitudes de la sociedad en la que se desenvuelve. Que se reconstruye a medida que desciende en los sucesivos niveles de concreción y se sitúa en el escenario de la interacción didáctica, a pie de aula.

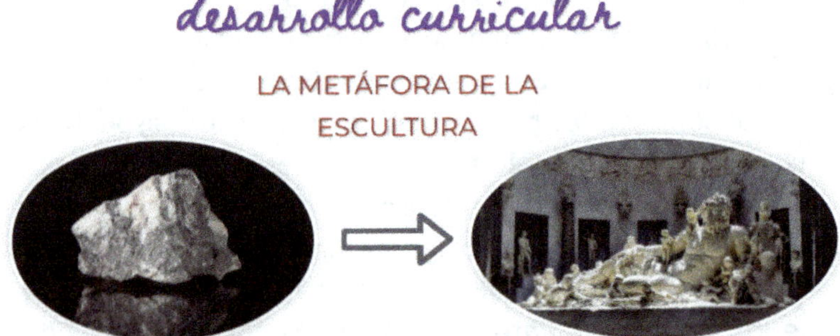

Figura 5.1.: La metáfora de la escultura para describir la forma de entender el currículo como proyecto y proceso.

Para describir esta forma de entender y aplicar el currículo, podemos aludir a la metáfora de la escultura: el documento que llega a nuestras manos (currículo institucional) es un bloque de piedra que tenemos que pulir (de manera colaborativa con nuestro alumnado) para llegar a transformarlo en la escultura que deseamos (Figura 5.1.).

5.1.1. Teorías y enfoques curriculares

Las teorías curriculares "representan formas distintas de acometer el diseño, desarrollo, evaluación, estudio, formación del profesorado y todas aquellas acciones relacionadas con el currículum" (Devís-Devís, 2001, p. 258). Este autor las clasifica en (Tabla 5.1.):

	TEORÍA	PROPÓSITO	AUTORES
1	TRADICIO-NALISTA	Sus principales propósitos consisten en recoger los valores, experiencias, prácticas y conocimientos y serle útil a los docentes. El profesor es un artesano que aprende por ensayo-error.	Jewett (1980), Jewett y Bain (1985)
2	TÉCNICA	La docencia se justifica a partir de principios de actuación eficientes. Se corresponde con la racionalidad técnica y se basa en el conductismo.	Bobbin (1921), Tyler (1949), LGE (1970), Sánchez Bañuelos (1984), Siedentop (1998), Pieron (1999)
3	RACIONALISTA	Busca un currículo dirigido a la persona en su globalidad y no solo al aspecto individual.	LOGSE (1990), Arnold (1991)
4	DELIBERATIVA	El currículo se sitúa en el ámbito de lo práctico, del espacio escolar, donde los profesores y alumnos construyen el currículo.	Schwab (1969), Almomnd (1976, 1979), Stenhouse (1984), Fraile (1995), Devís (1996)
5	CRÍTICA	Sugiere ir más allá de la interpretación, traspasar los límites del patio para llegar a instancias políticas y administrativas.	Carr y Kemmis (1988), Kirk (1990), Pascual (1992), Fernández-Balboa (1997)

Tabla 5.1.: Teorías curriculares en Educación Física (modificado de Devís-Devís, 2001).

Por lo general, la teoría que subyace a la gran inmensa mayoría de las concepciones curriculares que pueden apreciarse en el mundo académico se sitúan entre lo técnico o, como mucho, lo racionalista. Por el contrario, una EFCA aboga, tal y como se ha comentado anteriormente, por un enfoque donde el currículo es construido entre docentes y discentes (deliberativo), y que además aspira a la transformación social y personal para un mundo más justo y sostenible (crítico). La estrategia que se verá más adelante, la negociación curricular, parte de esta premisa.

Estas teorías, o marcos de referencia curriculares, hacen que entendamos la forma de concebir y aplicar el currículo de una determinada manera, son los enfoques o tipos de currículo. Devís-Devís (2001) los clasifica en (Tabla 5.2.):

	ENFOQUE	PROPÓSITO
1	CONTENIDO O PROGRAMA	Se basa en considerar el currículo como el conjunto de contenidos o el cuerpo de conocimientos que debe enseñarse al alumnado y que viene establecido por cada una de las materias que configuran los planes de estudio.
2	CONJUNTO DE ACTIVIDADES Y EXPERIENCIAS	Considera el currículo como el conjunto de cosas que deben hacer y experimentar los niños y jóvenes con el objetivo de insertarse en la vida adulta.
3	PLANIFICACIÓN	El currículo es una planificación racional donde se toman todas las decisiones de las dimensiones de la enseñanza. Esta perspectiva incluye las dos acepciones anteriores y la amplía a todo el conjunto de elementos y relaciones que conforman la práctica escolar.
4	PRÁCTICA O INTERACCIÓN	El currículo se entiende como la práctica de la enseñanza en el contexto escolar y la interacción entre el profesorado y el alumnado. El currículum consiste en el desarrollo de la planificación o del proyecto educativo, pero integrando los procesos de comunicación e interacción que tienen lugar en los centros educativos. Según esta acepción, el currículo estaría configurado por todo lo que piensan, hacen, dicen y sienten los profesores y los alumnos.
5	CRUCE DE PRÁCTICAS (PRAXIS)	El currículum es el marco de interacción de los diversos procesos, agentes, contextos que, dentro de un complejo proceso social, dan significado práctico y real al mismo.

Tabla 5.2.: Enfoques o tipos de currículos (Devís-Devís, 2001).

La negociación curricular parte de la consideración de que el currículo es un documento que se tiene que consensuar, a partir de la deliberación y el diálogo que se establece entre docente y discente, o lo que es lo mismo, por la interacción de dichos agentes en el contexto escolar (cruce de prácticas).

El problema del currículo en EF (a todos los niveles) es que, en su inmensa mayoría, sigue centrado en un discurso basado en el rendimiento (Tinning, 1996). Este enfoque curricular pone el acento en el rendimiento físico y deportivo, y ve al profesorado más como un técnico aplicador de programas que como un profesional reflexivo y constructor de conocimientos. Este enfoque curricular hace hincapié en los contenidos deportivos y de acondicionamiento físico. Sin embargo, se debería apostar por un currículo basado en un discurso que busque la participación, la inclusión, la justicia social, y la alfabetización motriz. Y, por lo tanto, un documento que contenga, de manera equilibrada, contenidos como la recreación, la introyección, la expresión corporal, aunque también lo deportivo y la condición física (si bien estos dos últimos no lo consideramos desde un paradigma cuantitativo o de rendimiento, sino cualitativo o de interacción).

5.2. EL PROCESO DE NEGOCIACIÓN CURRICULAR

5.2.1. La pirámide de la negociación curricular

Tradicionalmente, se han delimitado los niveles de concreción curricular en tres: el primero, con la carga de responsabilidad en su diseño en la administración educativa; y los dos siguientes, con una cesión de responsabilidades en su adaptación e implementación por parte del centro educativo y del profesorado, respectivamente. Esto se manifiesta en dos documentos: el Proyecto Educativo (2º nivel de concreción) y la Programación de aula (3º nivel de concreción). Creemos, sin embargo, que se debería introducir un 4º nivel de concreción (la tarea motriz) que se correspondería con la diversidad que existen en el contexto ecológico del aula. Diversidad que puede evidenciarse no solo en cuanto a los niveles de habilidad motriz, de desarrollo motor o de conocimientos, sino también en lo que se refiere a intereses, motivaciones, actitudes, expectativas, etc. Pues bien, a partir de este marco teórico podemos hacer una transferencia a lo que denominamos la pirámide de negociación curricular (Figura 5.2.).

La pirámide tiene un sentido, que se constata en la direccionalidad y la verticalidad del currículo (Toro-Arévalo, 2007). En la cúspide de esta (las administraciones educativas), la capacidad para decidir (tanto por parte del profesorado como del alumnado) es nula; mientras que, a medida que vamos descendiendo hacia la base, tanto uno como otro van adquiriendo mayores posibilidades de construir un currículo adaptado a sus necesidades y al contexto. Por lo tanto, el margen que nos queda para la negociación curricular se va ampliando para los niveles superior, inferior y, sobre todo, en la base.

¿Qué se podrá consensuar? Pues tal y como plantea la UNESCO (2015, p. 17), "qué conocimiento se adquiere y por qué, dónde, cuándo y cómo se utiliza" constituyen preguntas esenciales tanto para el desarrollo de los individuos como de las sociedades. Sobre la estructura de estas preguntas será donde situemos el contexto de la interacción y del diálogo sobre el que construir ese currículo negociado.

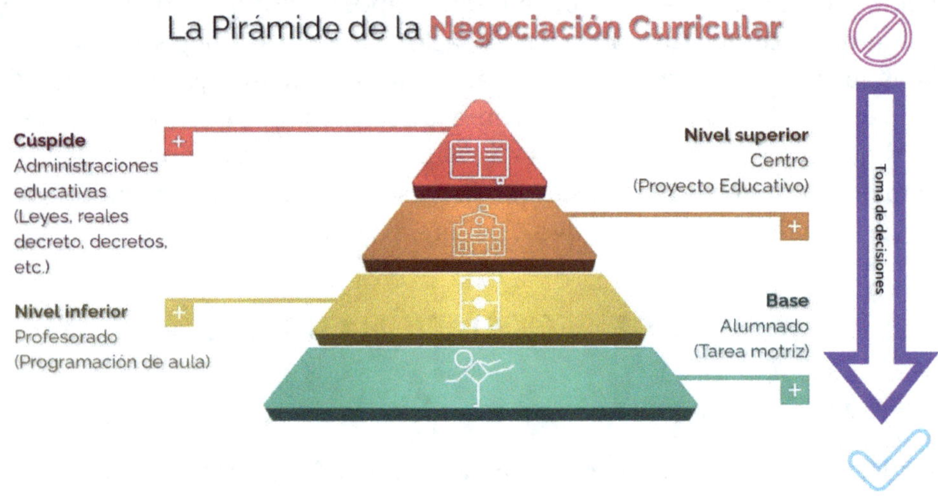

Figura 5.2.: La pirámide de negociación curricular y su capacidad para la toma de decisiones.

Como se comentó anteriormente, lo ideal es que tanto los objetivos motores como las manifestaciones sociales de la motricidad (juegos motores, deportes, introyección, expresión corporal y condición física) estuvieran equilibradas, de tal manera que, aproximadamente, se contaran con el mismo número de sesiones o de situaciones de aprendizaje en la Programación Didáctica. En este sentido, se debería asegurar que los estudiantes recibieran experiencias educativas diversas y valiosas sin depender exclusivamente del centro o del profesorado que les toque en suerte (Martínez-Álvarez et al., 2015).

Este proceso de distribución equilibrada de situaciones motrices debe realizarse a través de la concienciación, del diálogo y de la reflexión crítica con el alumnado para que valore cómo unos contenidos están más sexualizados que otros y, por tanto, ocupan un papel más predominante que otros en el currículo, cuando no debiera ser así (¿acaso el deporte es más importante que la expresión corporal o la introyección?). Obviamente, esto se debe a la supremacía del discurso de rendimiento sobre el de participación.

5.2.2. Aspectos para tener en cuenta de cara a la negociación curricular

La negociación curricular es una oportunidad para que tanto el profesorado como el alumnado dejen de ser meros reproductores para convertirse en productores-transformadores del currículo. Que vayan más allá de lo meramente técnico (o plantearse simple y llanamente cómo hacer las cosas) para centrarse, incluso, en cuestiones éticas y, si es posible, políticas. Y para ello tienen que estar presentes tres elementos clave de una educación democrática: el diálogo igualitario, el consenso y la transparencia.

El diálogo igualitario es la herramienta que permite poner de acuerdo a las personas y llegar a soluciones creativas y funcionales de los problemas diarios. A través de este proceso se igualan los estatus de poder y la educación adquiere un enfoque horizontal y, por lo tanto, también el currículo. El rol hegemónico del docente baja unos cuantos peldaños para poder interactuar con el alumnado y reflexionar sobre lo que ambos consideran importante. Y esto nos conduce al segundo procedimiento, el consenso. Una educación que apueste por la equidad y la inclusión debe introducir dinámicas interactivas que tengan como finalidad el consenso. Esto implica que ambas partes (docente y discente) salen ganando. El consenso permite llegar a una solución intermedia que evita que una de las partes tenga la sensación de haber perdido. No hay vencedores ni vencidos. Por esta misma razón, hay que evitar en la medida de lo posible las votaciones en clase. Votar supone que unos ganan (la mayoría, eso sí), pero otros pierden. Por eso ha de ser el último recurso. A través del diálogo se discuten las programaciones a principio de curso y se llega a un consenso sobre los objetivos a lograr, los contenidos a trabajar, el modo en que se va a llevar a cabo y la forma de evaluarlo. Finalmente, este proceso nos asegura la transparencia, lo que aumenta la credibilidad del profesorado frente al alumnado y, por ende, una mayor calidad en el proceso tanto de enseñanza como de aprendizaje.

¿Qué se puede negociar con el alumnado? Pues cualquier elemento de la programación didáctica o de las situaciones de aprendizaje, sin que ello menoscabe la reglamentación vigente ni suponga un "dejar hacer" lo que le venga en gana al alumnado. Obviamente, esto exige tener como referentes los intereses y necesidades de éstos y clarificar qué consideramos como educativamente relevante (Martos, Tamarit, & Torrent, 2016). Por ejemplo, se puede negociar el número de situaciones de aprendizaje, los núcleos temáticos que se trabajarán (respetando el equilibrio curricular del que se habló anteriormente), los métodos de enseñanza a emplear, así como el procedimiento de evaluación que se quiere implementar. No podemos olvidar que el currículo oficial no deja de ser más que una declaración de intenciones (proyecto), pero que debe ser adecuado y concretado a cada contexto de interacción (proceso) en función de las características e intereses del alumnado, del centro y del entorno, a partir de un procedimiento colegiado.

En esta deliberación que se establece a principio de curso para la negociación de la programación didáctica, la asamblea ocupa un lugar fundamental. En este foro todos y todas pueden participar al mismo nivel y desde el más absoluto respeto. Claro está, todas las sugerencias y formulaciones deben estar debidamente fundamentadas y argumentadas. Promovido desde este enfoque asambleario, la negociación curricular hace que mejoren los aprendizajes competenciales transversales como el respeto o la empatía, tiene una muy buena aceptación por parte del alumnado, favorece la resolución de conflictos y genera una mayor sensibilidad del profesorado hacia las cuestiones más sensibles del aula desde el punto de vista social (Lorente-Catalán, Gatell i Novell, et al., 2018).

Algunas preguntas orientadoras para la negociación de la Programación Didáctica

1. ¿Consideran suficiente el número de situaciones de aprendizaje? ¿Qué cambiarían y por qué?
2. ¿Se ajustan a sus competencias, capacidades, intereses y necesidades?
3. ¿Les parecen adecuados los núcleos temáticos? ¿Cambiarían alguno? ¿Por qué?
4. ¿Creen que es adecuada la forma de aprender los contenidos (métodos de enseñanza y modelos pedagógicos)? ¿Quieren añadir o eliminar alguno? ¿Por qué?
5. Con respecto al sistema de evaluación, ¿crees que es justo? ¿Añadirían o eliminarían alguna técnica, instrumento o evidencia de aprendizaje? ¿Por qué?
6. Con respecto al sistema de calificación, ¿qué te parece? ¿las ponderaciones te parecen acertadas? ¿Cambiarías algo? ¿Por qué?
7. ¿Querrían hacer alguna actividad complementaria o extraescolar en concreto? ¿Cuál y por qué?
8. Cualquier otra cuestión que surja en el debate…

Algunas preguntas orientadoras para la negociación de las Situaciones de Aprendizaje
1. ¿Consideran suficiente el número de sesiones o de tareas de aprendizaje? ¿Qué cambiarían y por qué?
2. ¿Se ajustan a sus competencias, capacidades, intereses y necesidades?
3. ¿Les parece adecuado el núcleo temático? ¿Lo cambiarías? ¿Por qué?
4. ¿Creen que es adecuada la forma de aprender los contenidos (métodos de enseñanza y modelos pedagógicos)? ¿Quieren añadir o eliminar alguno? ¿Por qué?
5. Con respecto al sistema de evaluación, ¿creen que es justo? ¿Añadirían o eliminarían alguna técnica, instrumento o evidencia de aprendizaje? ¿Por qué?
6. Con respecto al sistema de calificación, ¿qué les parece? ¿las ponderaciones les parecen acertadas? ¿Cambiarían algo? ¿Por qué?
7. ¿Querrían hacer alguna actividad complementaria o extraescolar en concreto? ¿Cuál y por qué?
8. ¿Les parece bien los agrupamientos, los espacios y los recursos? ¿Cambiarían algo? Justifícalo.
9. Cualquier otra cuestión que surja en el debate...

Tabla 5.3.: Preguntas orientadoras para la negociación curricular.

Una herramienta muy útil que puede utilizarse para facilitar la cesión de responsabilidades en la toma de decisiones por parte del discente en cuestiones que competen al diseño curricular a partir del nivel superior de la pirámide es *el alineamiento curricular*. Esta herramienta, aparte de garantizar la transparencia en cuanto a estructura curricular y sistema de evaluación y calificación se refiere, es una forma de guiar el debate igualitario y la asamblea dialógica de inicio de curso. El procedimiento podría ser el siguiente:

1. Se comparte el alineamiento curricular con el alumnado, proyectándolo en la clase.
2. En pequeños grupos (de 4 a 6 personas), se discute su pertinencia o adecuación. Se puede utilizar como guías las preguntas orientadoras de la tabla anterior.
3. Se elige un portavoz de cada grupo que formula las sugerencias pertinentes. Estas sugerencias han debido de ser argumentadas y fundamentadas en el grupo previamente.
4. Entre todas las sugerencias de los grupos pequeños, y mediante dinámicas dialógicas, se llega a un consenso en el que ambas partes

(profesorado y estudiantado), lleguen a un acuerdo en el que queden plenamente satisfechos.

A continuación, se presenta una propuesta de alineamiento curricular que puede servir de base sobre la que realizar el trabajo anteriormente descrito (Tabla 5.4.).

Título de Situación de Aprendizaje: Nivel:							
RA	CE	CC	EA	CO	TE	IN	PO

Leyenda:

RA: resultados de aprendizaje

CE: criterios de evaluación

CC: competencias

EA: estándares de aprendizaje evaluables

CO: contenidos

TE: tareas de evaluación

IN: instrumentos de evaluación

PO: ponderación

Tabla 5.4.: Herramienta para el alineamiento curricular (modificado de Blázquez Sánchez, 2017).

En definitiva, la meta de la negociación curricular es que el aula pase de ser un espacio de imposición de la cultura docente hegemónica a convertirse en un foro abierto de discusión de concepciones y representaciones de la realidad para construir significados y conocimientos compartidos (Moreno-Doña et al., 2012).

6

Enfocar el modelo pedagógico en la praxis del alumnado

Toda vez que ya se ha consensuado con el alumnado el currículo que, efectivamente, se llevará a la práctica, toca en esta ocasión identificar el modo en que le haremos partícipe de su propio aprendizaje de cara a construir conocimientos compartidos. Nos referimos, en concreto, a los métodos de enseñanza y aprendizaje.

En este capítulo se ahondará, en primer lugar, en aquellas estrategias y estilos de enseñanza que tienen un componente más activo, productivo y participativo por parte del estudiantado y, por tanto, rehúyen de estrategias de índole reproductivas. En segundo lugar, se abordará el tema de la cooperación y porqué es importante promoverla en una EFCA. En tercer lugar, nos centraremos en la relevancia de hacer cómplice al estudiantado en torno a procesos de mejora comunitarias, a través de un servicio que se presta al entorno. El objetivo de este tipo de estrategias es poner a prueba actividades que, basadas en la pedagogía crítica, redunden en la transformación personal del alumnado y social de la comunidad. En cuarto, y último lugar, hablaremos de la necesidad imperiosa de tener en cuenta la diversidad del alumnado de cara a garantizar una educación de calidad, con equidad y de corte humanista.

6.1. FOMENTAR ESTRATEGIAS DIDÁCTICAS PRODUCTIVAS

Cuando hablamos de estrategias didácticas productivas, nos estamos refiriendo a la caracterización de un modelo docente basado en la participación del alumnado en torno a tres dimensiones: las estrategias de enseñanza, los estilos de enseñanza y la tarea motriz (Figura 6.1.). La adopción de este modelo requiere de un cambio real en nuestra praxis que sólo ocurrirá en la medida en que cuestionemos de fondo nuestras propias convicciones y concepciones y logremos plantear alternativas metodológicas innovadoras que generen y utilicen de manera flexible, adaptativa, autorregulada y reflexiva los procesos de aprendizajes para que el alumnado los dote de significado (Díaz-Barriga, 2006). Este modelo plantea el desmantelamiento de una metodología pensada para la eficacia y el rendimiento motor, para enfocarse en una metodología de la EF preocupada por el desarrollo de la creatividad, la autonomía, el trabajo colaborativo y el diálogo entre iguales (Trigueros et al., 2020).

Se trata, en definitiva, de un modelo que apuesta por una "pedagogía de la incertidumbre", basada en estrategias de indagación y de búsqueda por parte del alumnado y donde el rol docente es el de una persona que acompaña en este proceso exploratorio, en el que el protagonismo lo ejerce el discente, que se convierte de esta manera en el productor-constructor de su propio proceso de aprendizaje. Por el contrario, aboga por la abolición de una "pedagogía de la imposición", que promueve la reproducción, la docilidad y la sumisión del estudiantado, permitiendo de esta manera mantener el *status quo* de la posición de experto y de privilegio del profesorado.

Obviamente, una EFCA no debe denostar que, en situaciones puntuales, se deba utilizar estrategias y estilos instructivos. ¿Cuándo se darán estas situaciones? Cuando tengamos que salvaguardar la integridad de nuestro alumnado. El caso más extremo sería, por ejemplo, para la enseñanza de la escalada o de algunas habilidades gimnásticas como la voltereta o el pino. A nadie se le escapa que, en este tipo de tareas, lo que procede es que sea el profesorado (o la persona profesional experta que esté en ese momento a cargo) quien tome las riendas de la docencia. Pero, insisto, esto son situaciones muy excepcionales.

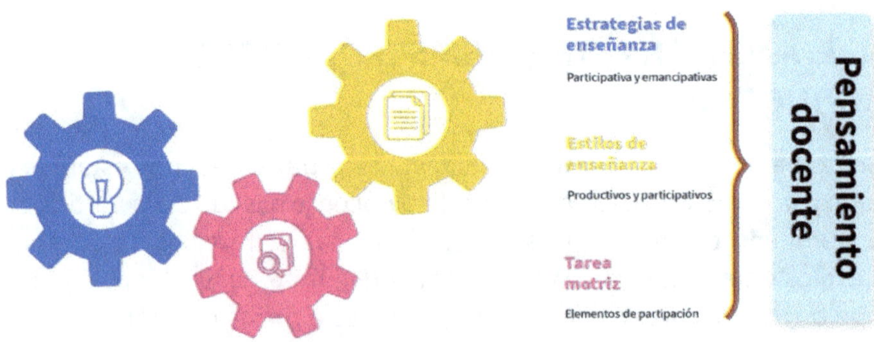

Figura 6.1.: Modelo didáctico basado en la producción.

En cualquier caso, debemos ser consciente que el éxito de este buen hacer metodológico tiene dos variables relevantes: una intrínseca al estudiante (sus intereses, motivaciones, expectativas, nivel competencial previo, actitudes, etc.); y una extrínseca, dependiente de factores externos al estudiante (contexto social y cultural del centro escolar, familias y medios de comunicación o redes sociales, normativa legisladora, etc.). El reto está en ser capaces de manejar estas dos variables para que puedan jugar a nuestro favor y facilitar el proceso de toma de decisiones del alumnado, por encima de las condicionantes limitantes que nos pueden acechar y poner a prueba este modelo docente.

6.1.1. Tender hacia estrategias de enseñanza participativas y emancipativas

Partiendo de la clasificación de Navarro & Fernández (1989), pensamos que las estrategias más coherentes con una EFCA serían aquellas que dejan de lado las cuestiones más instructivas para centrarse en procesos más participativos y emancipativos (Figura 6.2.). Según estos autores, las estrategias de enseñanza están referidas a las técnicas de enseñanza, a la forma en la que se presentan las tareas y a la manera de organizar las actividades. Un enfoque funcional de estas estrategias requiere que, en todo momento, el alumnado debe saber qué es lo que está haciendo, por qué, para qué , en qué condiciones y con qué elementos, para favorecer el aprendizaje reflexivo o estratégico del procedimiento (Gómez Rijo, 2013). Así pues, en aquellos documentos oficiales que sirvan de referente para la organización docente, como la Programación Didáctica o las Situaciones de Aprendizaje, la presencia mayoritaria será de las estrategias emancipativas y participativas, siendo las instructivas las que ocupen un lugar menos relevante. Siguiendo la misma lógica, en una Programación Docente, las primeras Situaciones de Aprendizajes podrían basarse en estrategias instructivas pero, a medida que discurre el curso, irán desapareciendo. Si de lo que se trata es de la Situación de Aprendizaje, las primeras sesiones podrán ser igualmente un poco más instructivas pero, a medida que vayamos avanzando en las sesiones, serán las participativas y las emancipativas las que tomen el protagonismo.

Figura 6.2.: Presencia de las estrategias de enseñanza en los documentos curriculares.

6.1.2. Enfocarse en estilos de enseñanza productivos

Podemos entender los estilos de enseñanza como "la manera, relativamente estable, en que el profesor de manera reflexiva adapta su enseñanza al contexto, los objetivos, el contenido y los alumnos, interaccionando mutuamente y adoptando las decisiones al momento concreto de la enseñanza y aprendizaje de sus alumnos" (Sicilia-Camacho & Delgado Noguera, 2002, p. 30). Se trata de un concepto que fue acuñado por Muska Mosston, allá por 1966, y cuya propuesta inicial basculaba en torno a tres variables fundamentales: la estructura de las materias (relación entre los conocimientos a aprender), la estructura de la enseñanza (comportamientos del docente) y la estructura del aprendizaje (formas de aprendizaje del alumnado). La Figura 6.3 muestra la propuesta inicial de espectros de estilos, desde la mínima independencia del aprendizaje (comando) hasta la máxima cesión de autonomía (creatividad). El interés de Mosston era provocar la máxima independencia del aprendizaje, toda vez que se ha superado la barrera cognitiva y se implica significativamente al discente en la construcción de su propio aprendizaje a partir de estilos basados en la indagación y la exploración, a saber, el descubrimiento guiado, la resolución de problemas y la creatividad.

Figura 6.3.: De la dependencia a la independencia en el aprendizaje a partir de los estilos de enseñanza (Gómez Rijo, 2013).

En una posterior reforma de los estilos, Mosston & Ashworth (1986) destacan el principio de no controversia, es decir, no hay estilos mejores ni peores, sino que dependerán de los objetivos que se pretendan (Figura 6.4.). Efectivamente, y como se insistió anteriormente, habrá situaciones extraordinarias (principalmente las que revisten peligrosidad y, por tanto, en las que hay que garantizar la seguridad) en las que se tenga que hacer uso de estilos más reproductivos. Pero no ha de ser la norma.

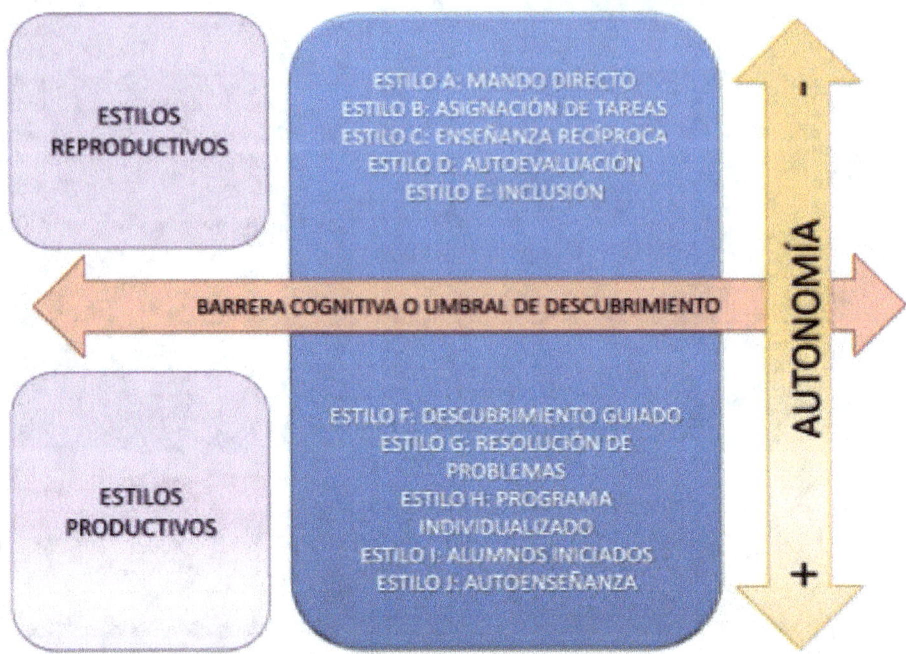

Figura 6.4.: Los estilos de enseñanza y su relación con la autonomía del alumnado (Gómez Rijo, 2013).

Por último, Sicilia-Camacho & Delgado Noguera (2002) han hecho una completísima revisión y reformulación de los estilos estableciendo una exhaustiva taxonomía en la que incluyen seis familias de estilos y, dentro de cada una de ellas, varios tipos de estilos. Además, ofrecen una serie de palabras clave que ayudan a la comprensión de la lógica que subyace a cada una de estas familias (Tabla 6.1.).

Familia	Tipos	Palabras clave
Tradicionales	Mando directo Asignación de tareas	*Orden* *Tarea*
Fomentan la individualización	Trabajo por grupo Enseñanza modular Programas individuales Enseñanza programada	*Individualización* *Alumnado*
Posibilitan la participación	Enseñanza recíproca Grupos reducidos Microenseñanza	*Participación en técnica de enseñanza* *Delegación de funciones*
Propician la socialización	Juegos de roles Técnicas de dinámicas de grupo	*Grupo* *Cooperación* *Socialización*
Implican cognoscitivamente	Descubrimiento guiado Resolución de problemas Situaciones tácticas	*Tareas para resolver* *Indagación* *Búsqueda* *Aprender a aprender*
Favorecen la creatividad	Sinéctica y sus variantes	*Diversidad* *Pensamiento* *Divergente* *Creación*

Tabla 6.1.: Los estilos de enseñanza según Sicilia-Camacho y Delgado Noguera (2002).

En todo caso, esto nos lleva a plantearnos una visión dinámica y situada de los estilos de enseñanza donde variables como el contexto, el alumnado, las infraestructuras, el material y los recursos didácticos, el contenido, los objetivos de enseñanza, etc. nos harán ir tomando decisiones sobre qué estilo es más adecuado o se ajusta mejor a las necesidades del momento y de la tarea. A partir de aquí, entendemos que las situaciones de aprendizaje:

"deberían dirigirse a una orientación hacia el desarrollo de procesos productivos por encima de situaciones reproductivas. Si lo que se desea desde el área de Educación Física es contribuir a la formación de futuros ciudadanos comprometidos con la realidad sociohistórica, seres humanos autónomos y críticos, parece adecuado escoger aquellos estilos de enseñanza que actúen como verdaderos incitadores a la participación y la acción comprometida, y eso no se logra con sesiones donde los procesos comunicativos son unidireccionales, donde el alumnado es un mero receptor de informaciones carentes de significatividad y en donde además se ofrecen tareas cerradas; sino que habrá que escoger aquellas situaciones donde se tenga la posibilidad de remodelar, reformular o hacer críticas constructivas a las propuestas de aprendizaje tanto del profesorado, como las de los compañeros, compañeras y las suyas propias" (Gómez Rijo, 2013, p. 149).

Situarnos, por tanto, en una perspectiva crítica y reflexiva de nuestra propia praxis, de tal manera que el estilo sea visto como una propuesta de acción, abierta y compleja que define y construye nuestra propia realidad, pero que además supone un compromiso con la comprensión y con la mejora de la acción educativa (Pérez-Samaniego & Devís-Devís, 2015).

6.1.3. Codiseñar las tareas motrices

En la base de la pirámide de la negociación curricular y elemento clave de los métodos didácticos se encuentra la tarea motriz. Podemos entenderla como el "conjunto objetivamente organizado de condiciones materiales y de obligaciones que define un objetivo cuya realización requiere la intervención de las conductas motrices de uno o más participantes" (Parlebas, 2003, p. 441). La tarea motriz, por tanto, consta de dos elementos principales: un objetivo motor o logro a conseguir; y las condiciones necesarias para conseguirlo: agrupamientos (individual, parejas, tríos, pequeños grupos, gran grupo, homogéneos, heterogéneos, esporádico, grupo-base...), la participación (simultánea, consecutiva o alternativa), recursos, normas y reglas, espacios escolares (aula, pabellón, patio, etc.) y extraescolares (público, como parques o plazas), tiempo de ejecución, interacción motriz (individual, cooperativa o antagonista) y, si procede, criterios de éxito. Y todo ello mediado, como no podía ser de otra manera, por las conductas motrices (Figura 6.5.).

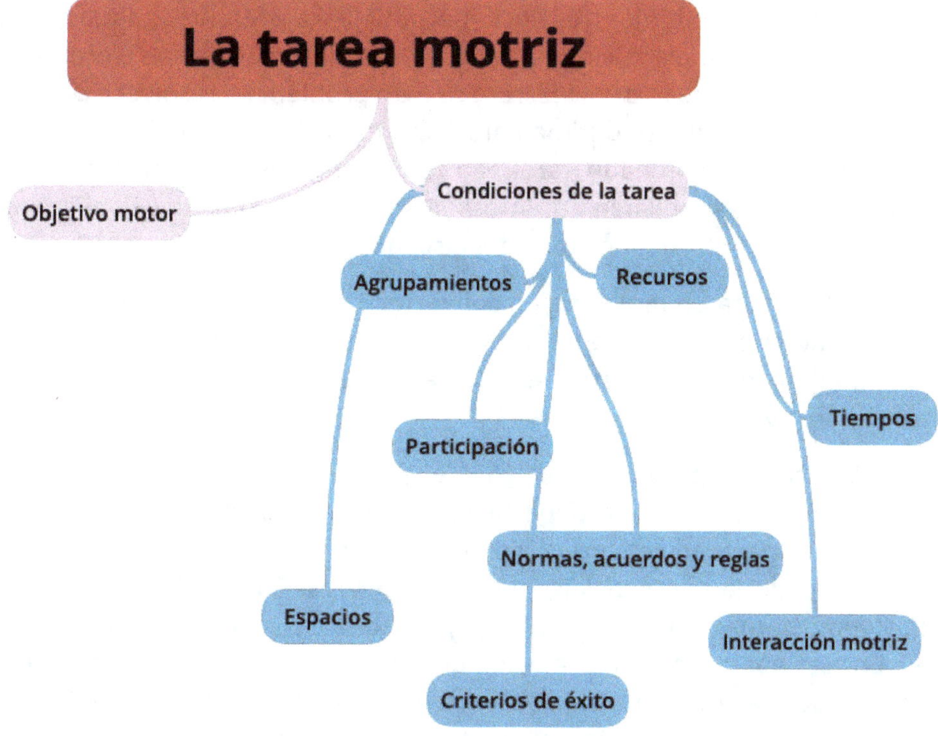

Figura 6.5.: Elementos de la tarea motriz: el objetivo motor y sus condiciones.

Según Blázquez Sánchez et al. (2019), para que una tarea motriz sea formativa debe reunir una serie de requisitos: fomentar la participación del alumnado, partir de sus intereses y necesidades, aumentar el tiempo de participación en clase, favorecer la autonomía, ser funcionales, motivadoras, lúdicas, activas, abiertas y enfocarse en la autorregulación. Y, para que ello se dé, debemos hacer partícipe a nuestro alumnado del diseño de estas, o lo que es mismo, generar espacios para la construcción compartida de tareas entre docente y discente.

En este proceso de acompañamiento en el codiseño de las tareas, debemos hacer explícito la necesidad de que dichas tareas se centren en resolver problemas donde la motricidad juegue un papel esencial, desarrollándose en contextos lo más real posible a la vida cotidiana. De esta manera, no solo estaremos implicando significativamente al alumnado, sino que además estaremos promoviendo escenarios para que el desarrollo competencial sea verdaderamente un valor real.

Como sabemos, las competencias no se enseñan, sino que se diseñan estrategias para ser competentes en cada contexto (Zabala & Arnau, 2007). Y estas estrategias deben ir encaminadas a que las tareas reúnan una serie de requisitos: ser auténticas, es decir, permitir la transferencia a situaciones lo más reales posible a la vida fuera de las aulas; tomar como referente el objetivo motor (lo cual, a su vez, remite a un problema a resolver); partir y generar la incertidumbre óptima para fomentar estrategias reflexivas y críticas por parte del alumnado (tareas abiertas, semidefinidas o no definidas); y, por último, desarrollarse en entornos activos, con una alta implicación físico-motriz, mental y emocional del discente.

En definitiva, la tarea motriz ha de convertirse en un escenario de aprendizaje significativo y socialmente construido, donde el alumnado indaga, diseña, implementa, comparte y evalúa tanto sus acciones como las de sus compañeros y compañeras.

A continuación, se propone un diseño de tarea motriz (Tabla 6.2.) en el que, por supuesto, el alumnado tiene mucho que decir, bien sea proponiendo objetivos como modificando o directamente creando los condicionantes para conseguir la consecución de estos objetivos. Consta de dos grandes apartados, por un lado, tenemos la parte estática o identificación de la tarea. En este apartado, la información que se requiere es meramente de caracterización, es decir, para seleccionar el contexto donde se va a implementar. Por otro lado, contamos con la parte dinámica, que incluye tanto a la fundamentación curricular como a la fundamentación didáctica. Ambas son susceptibles de ser modificadas antes o durante la ejecución de la tarea. En función del nivel educativo en el que presentemos la propuesta, algunas variables serán más susceptibles de ser compartidas y codiseñadas con el alumnado. En educación superior, este modelo puede plantearse tal cual para que se trabaje de manera consensuada con el docente. Si estamos en Educación Primaria, nuestras preguntas orientadoras del codiseño irán dirigidas, prioritariamente, al apartado de fundamentación didáctica, en todo lo relativo a los elementos estructurales de la tarea. Algunas cuestiones que podemos compartir serían: ¿les parecen adecuados los agrupamientos? ¿y el espacio? ¿quieren añadir o modificar alguna norma? etc.

PLANTILLA de CODISEÑO de TAREA MOTRIZ

Identificación

Autoría: *nombre de las personas responsables del diseño de la tarea*

Curso: *seleccionar el nivel al que va dirigida la propuesta*

Fecha: *día/mes/año de realización*

Situación de aprendizaje: *nombre de la situación de aprendizaje en la que se ubica la tarea*

Fundamentación curricular
Tomar como referencia el Decreto Curricular correspondiente

Criterio(s) de evaluación: *seleccionar el criterio o criterios en los que se basa la propuesta de tarea*

Contenido(s): *seleccionar el o los contenidos en los que se basa la propuesta de tarea*

Estándar(es) de aprendizaje: *seleccionar los estándares de aprendizaje extraídos del o los criterios de evaluación*

Competencia(s): *seleccionar la o las que se esté desarrollando (siendo obligatoria la competencia motriz -CM-)*

- CL
- CMCT
- CD
- AA
- CSC
- CEC
- CM* (obligatoria)

Fundamentación didáctica

Descripción:

Se trata, de la manera más sintética y comprensible posible, de explicar la lógica interna de la tarea. Se deberán discriminar las siguientes variables:

- *agrupamientos (individual, parejas, tríos, pequeños grupos, gran grupo, homogéneos, heterogéneos, esporádico, grupo-base...)*
- *participación (simultánea, consecutiva o alternativa)*
- *recursos*
- *normas, acuerdos o reglas*
- *espacios (aula, pabellón, patio, parque, plaza, etc.)*
- *tiempo de ejecución*
- *interacción motriz (individual, cooperativa, antagonista)*
- *y, si procede, criterios de éxito*

Criterio(s) de intervención:

Se trata de justificar si la tarea se ejecuta en igualdad de condiciones por el grado de apertura de la misma, o si requiere de algún tipo de apoyo o modificación de las condiciones, de tal manera que se garantice la participación equitativa e inclusiva de todo el alumnado.

PLANTILLA de CODISEÑO de TAREA MOTRIZ	
Para la acción:	Para la reflexión:
Se trata de identificar los objetivos motores (indicadores de logro, resultados de aprendizaje o aprendizajes esperados) que servirán como referente para garantizar que las capacidades manifestadas en los criterios de evaluación se están consiguiendo desarrollar. *Para su redacción, puede utilizarse la fórmula: acción motriz (verbo) + contenido + contexto*	*Durante y al finalizar la práctica, se realizan preguntas al alumnado que tratan de verificar que los aprendizajes a desarrollar se están consiguiendo. Estas preguntas han de ir dirigidas a identificar logros en las diferentes vertientes del conocimiento. Podrán ser realizadas por el profesorado, el alumnado o por los compañeros y compañeras:* • *Dimensión "saber": ¿qué he/has aprendido? ¿para qué me/te ha servido o para qué me/te puede servir en un futuro?* • *Dimensión "saber hacer": ¿qué he/has hecho bien? ¿qué se podría mejorar y cómo?* • *Dimensión "saber ser": ¿qué he/has sentido y cómo lo he/has sentido?* • *Dimensión "saber convivir": ¿cómo me he relacionado? ¿cómo te has relacionado?*
Representación gráfica	

Tabla 6.2.: Propuesta de plantilla para el codiseño de tareas motrices.

6.1.4. La autogestión de las tareas motrices

La autogestión es una estrategia didáctica que consiste en un proceso por medio del cual el alumnado (de manera individual o en equipo), acompañado por el docente diseña, implementa y evalúa una tarea motriz. Esta última fase, la evaluación, puede tratarse de un procedimiento de autoevaluación de la propia tarea diseñada por él mismo o su equipo, o bien puede vincularse con una evaluación entre iguales de una tarea diseñada por compañeros/as de su misma clase. Lorente-Catalán (2008) es una de las personas que más ha indagado en esta estrategia didáctica y, según esta autora, esta propuesta curricular permitiría al alumnado descubrir todo el amplio abanico de posibilidades que tiene la Educación Física, ir más de lo que el profesorado enseñe, responsabilizarse de sus decisiones, tomar iniciativa en todas las acciones, así como aumentar el nivel de cultura física. A su vez, la autogestión puede relacionarse con el estilo J de Autoenseñanza de Mosston & Ashworth (1986) y englobarse dentro de la familia que posibilita la participación según Sicilia-Camacho & Delgado Noguera (2002).

Ahora bien, según Lorente-Catalán, Gatell i Novell, & Joven (2018), para aplicar la autogestión con ciertas garantías es necesario:

- Que el alumnado posea unas mínimas habilidades personales y sociales como el autocontrol, la empatía, el respeto por lo demás, la capacidad de escucha, la aceptación, la confianza, etc.

- Crear un clima de aula basado en la cohesión grupal y el enfoque cooperativo, frente al autoritario o permisivo.

- Que el alumnado elija las actividades según sus preferencias.

- El profesorado es un acompañante que guía el proceso de toma de decisiones.

- Es necesario utilizar la autoevaluación por coherencia con la propia propuesta metodológica.

Si bien esta propuesta curricular depende mucho del nivel al que vaya dirigido (primaria, secundaria, bachillerato o ciclos formativos, y universidad), un planteamiento básico para presentar y discutir con el alumnado podría ser el siguiente (Tabla 6.3.).

Nota: con asterisco (*) aquellos aspectos susceptibles de ser introducidos para el diseño por parte del alumnado, si su nivel curricular lo permite.

PLANTILLA de AUTOGESTIÓN de TAREA MOTRIZ

Identificación

Autoría: *nombre de las personas responsables del diseño de la tarea*

Nombre: *identificar el nombre del juego o de la tarea*

Fecha: *día/mes/año de realización*

Situación de aprendizaje: *nombre de la situación de aprendizaje en la que se ubica la tarea*

¿Qué estamos aprendiendo?

Criterio(s) de evaluación*: *seleccionar el criterio o criterios en los que se basa la propuesta de tarea*

Contenido(s): *seleccionar el o los contenidos en los que se basa la propuesta de tarea*

Competencia(s)*: *seleccionar la o las que se esté desarrollando (siendo obligatoria la competencia motriz -CM-)*

- ☐ CL
- ☐ CMCT
- ☐ CD
- ☐ AA
- ☐ CSC
- ☐ CEC
- ☐ CM* (obligatoria)

¿En qué consiste la tarea?

Descripción:

Se trata, de la manera más sintética y comprensible posible, de explicar en qué consiste la tarea. Se deberán discriminar las siguientes variables:

- *agrupamientos (individual, parejas, tríos, pequeños grupos, gran grupo, homogéneos, heterogéneos, esporádico, grupo-base...)*
- *recursos o materiales*
- *normas o reglas*

Criterio(s) de intervención*:

Se trata de justificar si la tarea se ejecuta en igualdad de condiciones por el grado de apertura de la misma, o si requiere de algún tipo de apoyo o modificación de las condiciones, de tal manera que se garantice la participación equitativa e inclusiva de todo el alumnado.

PLANTILLA de AUTOGESTIÓN de TAREA MOTRIZ
Representación gráfica - 99 -

Indicadores para evaluar la tarea

En esta parte se trata de realizar una triangulación entre la heteroevaluación del docente con la autoevaluación del alumnado y una evaluación entre iguales. Se pueden tomar como referencia estos indicadores, si bien es más formativo que sea el propio alumnado quien proponga qué y cómo se debe evaluar el diseño y la implementación de la tarea.

Utilidad: funcionalidad para usar estos juegos en futuras sesiones o compilar un fichero.

Diversión: grado de satisfacción, respecto al entretenimiento, que muestra el alumnado.

Adecuación: adecuación de la tarea al tema que se está trabajando.

Organización: capacidad para organizar la clase (buena disposición espacial, no hay pérdidas de tiempo, los equipos están bien distribuidos y están compensados, etc.).

Explicación: capacidad de exposición de la tarea tratada (lenguaje adecuado, no sexista e inclusivo, dice el objetivo, motiva a sus compañeros/as, etc.).

Aprendizaje: grado de nuevo conocimiento adquirido por el alumnado.

Cooperación: capacidad del equipo para trabajar y organizarse.

Observaciones: anécdotas o aspectos relevantes que se quieran destacar de la tarea.

Tabla 6.3.: Propuesta de plantilla para la autogestión de tareas motrices.

6.2. FACILITAR ESCENARIOS DE INTERACCIÓN ENTRE EL ALUMNADO

La necesidad de enfocar la EF hacia el protagonismo de nuestro alumnado hace que nos veamos, irremediablemente, volcados hacia estrategias metodológicas que fomenten la participación activa del discente. Entre ellas, el aprendizaje cooperativo se configura como un modelo pedagógico perfectamente asentado en las dinámicas didácticas dentro del aula de EF. Se trata del empleo didáctico de grupos pequeños, normalmente heterogéneos, en el que el alumnado trata de alcanzar objetivos comunes a partir de la interacción con los demás, maximizando así su propio aprendizaje (Johnson, Johnson, & Holubec, 1999).

A continuación, vamos a describir varios consejos para introducir de manera efectiva el aprendizaje cooperativo en las aulas de EF (Figura 6.6.).

Figura 6.6.: Diez ideas para introducir el aprendizaje cooperativo en EF.

"Que dependan unos de otros"

La interdependencia positiva es unos de los elementos clave para el buen funcionamiento de este modelo pedagógico. Debemos hacer ver al alumnado que todos dependemos unos de otros para que la tarea se lleve a cabo con éxito. Todos los miembros del equipo deben poner de su parte para que el objetivo se cumpla, y esto solo es posible si valoro la importancia de mi aportación al grupo. Desde el momento en el que aparezcan "los polizones", o aquellas personas que no aportan nada al grupo, la consecución del éxito de la tarea se verá seriamente amenazada. Una estrategia que es muy eficaz para conseguir la interdependencia es generar una cohesión grupal o construir un sentimiento de equipo. Para ello, se puede emplear el plan de equipo. Esta herramienta facilita que los miembros tengan la sensación de que pertenecen a un grupo y que su participación es importante. En este plan de equipo es indispensable que aparezcan una serie de elementos como los que se muestran en la Figura 6.7.

Figura 6.7.: Plan de equipo para identificar las características del grupo.

"Que interactúen cara a cara"

Una cosa es trabajar en grupo y otra bien distinta es trabajar en equipo. La presencialidad del alumnado que trabaja codo con codo con sus compañeros y compañeras es fundamental para el éxito de la tarea. Por lo tanto, tenemos que favorecer un espacio y un tiempo en las clases de EF para que el alumnado interactúe y pueda desarrollar las actividades de manera cercana. Es importante facilitar este ambiente de aprendizaje entre iguales, de tal manera que el alumnado se sienta empoderado para la toma de decisiones de su propio proceso de aprendizaje. Hay que recordar que estas decisiones que se toman en el seno del equipo deben ser emitidas a partir del consenso y no de la votación (que debe ser el último recurso, o sea, cuando el diálogo se ha agotado). Pensemos que en la votación siempre hay alguien que gana y alguien que pierde, cuestión que debemos evitar a toda costa cuando implantamos el aprendizaje cooperativo en nuestras aulas y queremos, además, que se haga de manera eficaz.

La labor, en este aspecto, del profesorado será la de ir supervisando el trabajo de los grupos para que no haya problemas, que el grupo está funcionando correctamente y que la tarea se ha comprendido perfectamente. Es en este preciso momento cuando el papel de feedback adquiere la relevancia en su estado óptimo, bien sea proporcionado por la figura docente como el que se aportan dentro del mismo grupo (intra-grupal) o con otros grupos (inter-grupal). Esta proximidad nos llevará a utilizar la siguiente estrategia: compartir recursos.

"Que compartan recursos"

La necesidad de compartir recursos es básica en el aprendizaje cooperativo. La consecución de las metas viene determinada a partir de la posibilidad de que utilicemos los recursos materiales que nos ofrece la asignatura para desarrollar las tareas marcadas. Esta interdependencia de recursos marca las pautas para el buen funcionamiento del equipo, de tal manera que se tienen que organizar para no monopolizar ningún material y sacarle provecho entre todos para la consecución con éxito de la tarea.

"Que tengan objetivos comunes, pero roles diferentes"

La interdependencia positiva nos lleva a plantear situaciones en las que todos nos necesitamos porque tenemos un objetivo común. Sin embargo, la distribución de roles es una estrategia muy eficaz ya que cada miembro es una persona encargada de una tarea. Se especializa en ella y la desarrolla de la manera más exitosa posible. Ello no es óbice para que el resto de los miembros del equipo no puedan hacer sugerencias y aportaciones al trabajo de los demás. Todo lo contrario. Estas dinámicas dialógicas y compartidas sobre el trabajo de los otros enriquecen la calidad de las producciones de nuestro alumnado.

Adaptando la propuesta de Zariquiey (2016), estos son los roles que suelo proponer en clase: coordinación, relaciones públicas, supervisión y mantenimiento. Se han quitado los roles de portavocía y secretaría por los efectos negativos que tiene: cuando el grupo sabe de antemano quién es la persona portavoz, "desconecta" de la tarea, puesto que no tiene la responsabilidad de comentarla; la secretaría suele requerir mucho trabajo, así que en nuestro caso es la coordinación quién decide en cada momento quién se encarga de esta tarea.

Para que haya éxito en la distribución y asunción de los distintos roles, hay una serie de aspectos básicos a considerar para su aplicación en el grupo-base (o grupo estable):

1. El equipo-base durará un trimestre. Si la clase no tiene experiencia en el aprendizaje cooperativo, es conveniente que los grupos-base no se constituyan hasta aproximadamente la mitad de curso, cuando previamente ya se han implantado otras estrategias previas como la cohesión grupal o las técnicas de aprendizaje cooperativo simples. Siguiendo la propuesta de Fernández-Río (2017), el equipo-base se formaría en la fase 3, o de "Aprendizaje cooperativo como recurso" (Figura 6.8.).

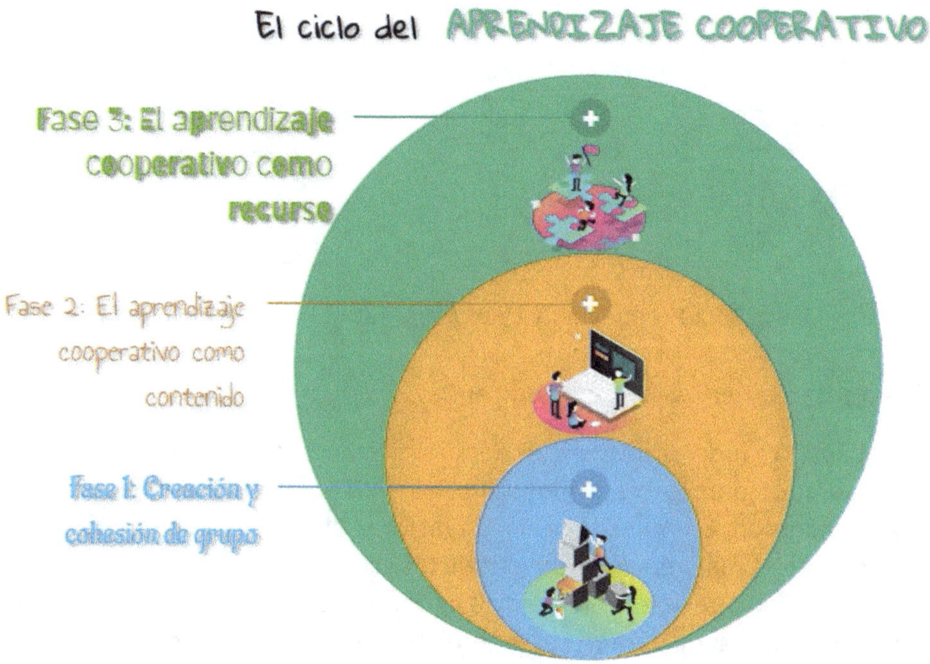

Figura 6.8.: El ciclo del aprendizaje cooperativo (Fernández-Río, 2017).

2. Cada rol será asumido durante un mes y luego se rota. Todos los miembros del equipo deben asumir, al menos una vez, cada uno de los roles. La propuesta de duración es de un mes para que se puedan asumir las distintas funciones aparejadas a cada rol y se puedan llevar a cabo de manera exitosa.

Esta podría ser una propuesta de roles (Figura 6.9.):

Roles cooperativos

Coordinación

Es la persona encargada del buen funcionamiento del grupo y de velar por el reparto equitativo de tareas. Puede asignar roles temporales y distribuir actividades o funciones de manera puntual.

Supervisión

Es la persona encargada de que la tarea se esté llevando a cabo de manera exitosa. Vela por el cumplimiento de los tiempos de entrega o de realización de la tarea.

Relaciones públicas

Es la persona encargada de documentar los procesos e interactuar con el docente u otros equipos para pedir ayuda o información. Saca fotografías o vídeos de las tareas.

Mantenimiento

Es la persona encargada de la colocación, distribución y recogida de los materiales. Vela por el buen uso y cuidado de los mismos.

Figura 6.9.: Propuesta de roles cooperativos para el aula de EF.

"Grupos pequeños (4-6 componentes)"

Una cuestión inquietante y que genera cierta controversia tanto entre el profesorado como entre el alumnado es el número de personas que integran un equipo. En mi experiencia, cuatro es el número ideal (y considero que seis es el máximo para constituir un grupo), aunque depende mucho de la actividad que se esté llevando a cabo. Una cuestión importante a tener en cuenta: a mayor número de componentes, mayores probabilidades de que el grupo no termine funcionando de manera óptima y de que aparezca algún polizón.

"Y heterogéneos (sexo, nivel, intereses...)"

La selección de los grupos puede hacerse de tres maneras diferentes: al azar, por afiliación o a criterio del docente. Dependiendo del contexto, nos interesará un modo de agrupamiento u otro. Por lo general, el grupo debería ser heterogéneo en cuanto a sexo o género, intereses, nivel competencial, etc. Al principio de curso, la confección de los grupos se hará de manera aleatoria, si no conocemos a nuestro alumnado. En contadas ocasiones, podremos permitir que el agrupamiento sea por afiliación, aunque no es la estrategia más interesante. Tiene como ventaja que suelen ser grupos muy eficaces y que trabajan bien (no suelen haber polizones, ni conflictos entre ellos y ellas), pero como contrapartida también es cierto que su estructura suele ser muy homogénea, y no se aprovecha el valor de la diversidad. La última estrategia, a criterio del docente, suele ser la más formativa. Lo conveniente es que en un mismo grupo haya un alumno o alumna con poca necesidad de ayuda (o alto nivel de autonomía), un alumno o alumna con mucha necesidad de ayuda (o bajo nivel de autonomía), y dos alumnos o alumnas con un nivel medio de autonomía en la necesidad de ayuda. Este tipo de agrupamientos implica conocer muy bien al grupo y a nuestro alumnado en particular.

"Dar feedback constante"

Aunque sobre este tema se hablará más adelante, podemos adelantar que la efectividad en la consecución exitosa de la tarea vendrá dada por la capacidad que tengamos como docentes de proveer un feedback de calidad, así como de facilitar estrategias para que sea el propio el alumnado el que se retroalimente entre los diversos grupos (de manera intra-grupal e inter-grupal).

"Que se autoevalúen (individual y grupal)"

Para saber qué es lo que hacemos bien y lo que no se nos da tan bien, tenemos que analizarnos como grupo y valorar en qué medida estamos logrando alcanzar los compromisos que nos propusimos en el plan de equipo. Esta revisión del cumplimiento de los compromisos se puede realizar con varias herramientas. Además, es aconsejable no postergar demasiado esta revisión. Como recomendación, dicha autoevaluación grupal debería realizarse quincenalmente (si bien es cierto que, en función de las características del grupo, la necesidad de revisión pueda adelantarse o retrasarse). A continuación, propongo dos herramientas para la autoevaluación: un plan de revisión de equipo (Tabla 6.4.) y una diana de valoración (Figura 6.10.).

REVISIÓN DEL PLAN DE EQUIPO			
NOMBRE DEL EQUIPO:	**COMPONENTES:**	**CURSO:**	**FECHA:**
Revisión de los objetivos de aprendizaje			
Objetivos de aprendizaje	Conseguido	Parcialmente	No iniciado
1. Mejorar nuestro aprendizaje.			
2. Cumplir los compromisos personales.			
3. Respetar las normas de equipo.			
4. Otros:...			

¿QUÉ HACEMOS ESPECIALMENTE BIEN COMO EQUIPO?

¿EN QUÉ DEBEMOS MEJORAR COMO EQUIPO?

Valoración general:

Equipazo!!   Vamos bien...   Mejorable   Uff!! No nos tragamos

Firmas:

Antonio Gómez Rijo   @agomrij   educacionfisicaxxi.com

Tabla 6.4.: Revisión del plan de equipo.

Figura 6.10.: Diana de autoevaluación grupal.

"Que haya responsabilidad individual y social"

La responsabilidad individual y social es un tema que no podemos soslayar cuando hablamos de interacción entre personas. En la medida en que seamos capaces de concienciar a nuestro alumnado de que sus acciones repercuten en el buen funcionamiento del grupo, esto auspiciará la cohesión grupal y el éxito en todas las tareas que se marque el grupo. En este sentido, el trabajo a partir de las habilidades sociales y, sobre todo, en el ámbito de la empatía, se nos antoja una cuestión inexcusable.

A nivel ético, debemos reflexionar con el alumnado que la responsabilidad social está por encima de sus gustos e intereses personales (aunque lo ideal es que sean compatibles, no siempre sucede así). Me gusta poner la metáfora de la barca para explicar esta cuestión: supongamos que vamos seis personas en una barca, y que cada una de ellas tiene asignada una parte que le toca, donde se encuentra sentado. Puede hacer en esa parte propia lo que se le antoje. Pues bien, una de esas personas considera que en su parte le apetece hacer un agujero en el suelo de la barca. ¿Sería posible tolerar esta situación...?

"Practica las habilidades sociales"

Y, por último, como se adelantó en la idea anterior, el trabajo de las habilidades sociales será fundamental para llevar a buen término el trabajo de manera cooperativa. Algunas de las que se deberían trabajar son, como ya se comentó anteriormente, la empatía, pero también la escucha activa, la asertividad, dar y recibir críticas de manera constructiva, etc.

En definitiva, se trata de aprovechar el potencial de este contrastado modelo pedagógico para promover situaciones de empoderamiento y protagonismo de nuestro alumnado en las clases de EF.

6.3. IMPLICAR AL ALUMNADO EN LAS ACCIONES DE SERVICIO COMUNITARIO

Si queremos dar protagonismo a nuestro alumnado y que, además, sea el punto de inflexión sobre el que se promueva la transformación social, no podemos soslayar el relevante papel que toma en este sentido un modelo pedagógico como es el aprendizaje-servicio (ApS).

En el ApS confluyen, por una parte, *el aprendizaje* que pone en práctica el alumnado de nuestra clase y que está vinculado, desde un punto de vista curricular, con las competencias, los criterios de evaluación o los resultados de aprendizaje de una determinada asignatura; y por otro, *el servicio* que se ofrece como parte de la satisfacción de una necesidad detectada en un colectivo, por lo general, vulnerado. La meta última del ApS es, en definitiva, la transformación en aras de conseguir un mundo más amable y apacible, donde resida la convivencia y el bienestar personal y social. Precisamente, por el gran componente ético e ideológico que contempla este modelo pedagógico, casi podríamos afirmar que se acerca más a una filosofía educativa que a un simple método (entendido en el sentido positivista del mismo). Es decir, se trata de una forma de concebir el mundo, la sociedad, la escuela, las personas, el alumnado y la educación física y esto se lleva a la práctica con todas sus consecuencias. Es aquí donde adquiere repercusión el concepto de praxis (Freire, 2005).

Partiendo de esta concepción crítica del ApS y alineándolo con las ideas freireanas, podemos decir que con este modelo pedagógico nos proponemos (Chiva-Bartoll & García-Puchades, 2018):

- *Justicia social*, es decir, combatir las situaciones de vulnerabilidad, desigualdad y marginalidad social.

- *Cambio*, esto es, posicionarse en contra de la injusticia y a favor de los intereses de los colectivos vulnerados para transformar su situación en un contexto de garantía social.

- *Deliberación*, lo que quiere decir que la interacción entre los agentes implicados es eminentemente horizontal.

- *Concientización*, o tomar conciencia de la situación desfavorable y desventajosa de la que parten los colectivos oprimidos y como, a través de la educación, pueden revertir esta situación.

Según el National Youth Leadership Council desarrollado en 2008, los ochos criterios de calidad que debe cumplir un proyecto de ApS son (Zorrilla-Silvestre, Capella Peris, & Gil-Gómez, 2016):

1. *Duración e intensidad*. A mayor duración de la intervención del programa, mayores beneficios se obtendrán tanto en los aprendizajes curriculares como la cobertura de la necesidad social de la comunidad en la que se interviene.

2. *Conexión con el currículo*. Un requisito indispensable en el ApS es el que el alumnado vincule su experiencia transformadora con aquellos aprendizajes curriculares que cursa en la asignatura que se toma como referencia. De hecho, "la posibilidad de ver la aplicación de la teoría de clase" es una de las ideas más reiteradas cuando se hace una valoración con el alumnado acerca de su intervención con un colectivo.

3. *Creación de alianzas sociales*. La reciprocidad entre el aprendizaje que se ofrece y el servicio que se da a partir de la necesidad social es uno de los elementos clave que no puede faltar. La relación escuela-comunidad es un tándem generador de sinergias transformadoras que hacen que los colectivos vulnerados puedan ser conscientes de sus limitaciones y ser capaces de cambiar las condiciones hegemónicas de las clases poderosas que quieren mantener el *status quo*.

4. *Servicio útil y significativo*. El ApS parte de una necesidad social de un colectivo que tiene esa demanda y, a partir de ella, se ofrece un servicio por parte de la escuela para generar una mayor justicia social.

5. *Participación del estudiantado*. Si hay algo que caracteriza este modelo pedagógico es que el estudiantado es el protagonista en la toma de decisiones de todo el proceso (desde la detección de la necesidad, pasando por la planificación, el diseño y la implementación, para finalizar en la autoevaluación del proyecto). Por el contrario, un ApS técnico (donde el profesorado lleva el timón del programa y el alumnado es un mero reproductor) podría catalogarse de un ApS "descafeinado".

6. *Diversidad*. La consideración de la casuística de cada contexto es un requisito para una intervención de calidad a partir de un proyecto social. El empoderamiento de la diversidad de las personas y los contextos hace que el alumnado desarrolle una serie de competencias que le hacen ser una persona más comprometida y formada, académicamente hablando.

7. *Supervisión del progreso*. Una intervención de calidad, que realmente atienda a la necesidad social y real de un colectivo exige un análisis de los logros que se van adquiriendo y una reflexión crítica si esto no sucede. A partir de aquí, se deberán de tomar una serie de decisiones para reconducir el programa hacia los objetivos realmente significativos, esto es, la satisfacción de la necesidad social de mayor justicia, equidad y sostenibilidad.

8. *Reflexión*. Precisamente es la reflexión uno de los instrumentos para garantizar que la supervisión se realiza de manera sistemática y eficaz. La valoración debe concretarse por parte de todos los agentes implicados (alumnado, profesorado, instituciones educativas, colectivo receptor, instituciones sociales, entidades públicas y privadas, etc.).

Según Gil (2012), las fases y tareas para desarrollar un proyecto de ApS serían las siguientes (Tabla 6.5.):

Fases	Tareas
Fase inicial: Preparación o planificación del proyecto	1. Detectar necesidades sociales en el contexto donde se pretende desarrollar el proyecto.
	2. Analizar el grupo-clase para establecer lo que es capaz de llevar a cabo en la práctica.
	3. Describir los principios básicos del programa: - Buscar entidades colaboradoras y establecer contacto con ellas. - Delimitar las trabas administrativas y la solución a las mismas. - Establecer las normas de funcionamiento. - Fijar las tareas a realizar, la duración e intensidad del programa, estableciendo un horario. - Crear grupos de trabajo y asignar una entidad.
	4. Analizar el contexto y entidades en las cuales se va a llevar a cabo el servicio.
	5. Definir el proyecto mediante el establecimiento de objetivos y metodología a utilizar en las actividades.
	6. Delimitar la línea de actuación de cada grupo con los agentes implicados en el proyecto.
	7. Delimitar los aprendizajes académicos a trabajar mediante la puesta en práctica del proyecto.
	8. Delimitar los valores a adquirir con la prestación del servicio.
	9. Elaborar las actividades que conforman el proyecto.
Fase central: Puesta en marcha del programa	10. Ejecutar el programa y prestar el servicio.
	11. Relacionarse con las personas a las que se presta el servicio y con las ligadas a la entidad.
	12. Resolución de problemas de manera inmediata.
	13. Reflexionar sobre su propia práctica y el transcurso de la sesión.
	14. Proponer propuestas de mejora.
Fase final: Evaluación y reflexión	15. Reflexionar y evaluar los resultados del servicio.
	16. Reflexionar y evaluar los aprendizajes adquiridos y afianzados a partir de la experiencia.
	17. Reconocer el valor del trabajo realizado.
	18. Evaluación del proyecto.
	19. Evaluación de la experiencia de ApS.

Tabla 6.5.: Cuadro con las fases y tareas de un proyecto de ApS (Gil, 2012).

En definitiva, se trata de apostar por una herramienta pedagógica de sirva de eje dinamizador que enlace la escuela y la comunidad, y que permita a nuestro alumnado ser partícipes activos no solo de su propio proceso de aprendizaje sino, además, considerarse protagonistas del cambio social que nos permita para vivir y convivir en un mundo más justo, solidario y sostenible.

6.4. GENERAR ESPACIOS DE PARTICIPACIÓN DE TODOS, PARA TODOS Y ENTRE TODOS

Poner al alumnado en el centro del proceso de enseñanza-aprendizaje supone tener en cuenta que no siempre hablamos del mismo alumnado, sino de personas con capacidades, motivaciones, intereses, expectativas... diversas que tenemos que satisfacer, mejorar o desarrollar. En este sentido, una EFCA que además sea crítica y humanista y, por tanto, transformadora, debe combatir todas las formas de desventaja y discriminación, incluyendo la socioeconómica, o por género, etnia, identidad sexual, capacidades, etc. (McLennan & Thompson, 2015). A partir de este enfoque inclusivo, el currículo debe ser lo suficientemente abierto y flexible para poder adaptarse las peculiaridades de los contextos sociales y de las personas que lo conforman.

La UNESCO (2009) en su documento "Guidelines for inclusion" define la inclusión educativa como:

> *"un proceso que intenta responder a la diversidad de los estudiantes incrementando su participación y reduciendo su exclusión dentro y desde la educación. Se relaciona con la asistencia, la participación y los logros de todos los estudiantes, especialmente de aquellos que, por diferentes razones, son excluidos o tienen riesgo de ser marginados" (p. 13).*

Y esto implica, por lo tanto, que todas nuestras acciones docentes deben ir dirigidas o encaminadas a reducir las desigualdades sociales, económicos o de cualquier tipo, para promover escenarios de aprendizaje donde todo el alumnado, sin excepción ninguna, tenga éxito. Este logro no consiste solamente en la resolución eficaz de una tarea, sino que significa: por un lado, el desarrollo integral de su personalidad, haciendo hincapié en la mejora de los procesos referidos al *saber, saber hacer, saber sentir y saber convivir*; y, por otro lado, la conquista de la conciencia de las desigualdades y las relaciones de poder y cómo combatirlas para superarlas.

El concepto de inclusión requiere que se tengan en cuenta la presencia de alumnado diversos que requiere de unas necesidades específicas de aprendizaje y, para ello, se generan espacios de participación activa y compartida que combinan los logros académicos con los personales y sociales. Ello implica dejar atrás el paradigma del déficit para acoger el paradigma competencial (Ríos, 1994). O lo que es lo mismo, no focalizar la atención en lo que el alumnado "no tiene o no sabe", sino poner en el acento en sus capacidades, sus fortalezas, sus posibilidades, sus motivaciones, sus intereses, sus actitudes, etc. En esta visión inclusiva, todo el alumnado participa del mismo currículo, del mismo espacio y de la misma tarea.

Las diversas estrategias inclusivas que podemos adoptar en EF son (Ríos, Blanco, Bonany, Carol, & Córdoba, 2014): la educación en actitudes y valores a través de los juegos motrices sensibilizadores (Ríos, 1994), el aprendizaje cooperativo, la enseñanza multinivel, la compensación de las limitaciones en situaciones competitivas, el asesoramiento y el apoyo, compartir el deporte adaptado y la adaptación de las tareas.

Para atender la última estrategia (modificar las tareas), el docente debe partir del análisis de la información inicial obtenida a partir de las características individuales del alumnado y de la tarea inicial. Una vez realizado este análisis se puede proceder a la adaptación de las tareas en lo concerniente a metodología, entorno y material (Figura 6.11.).

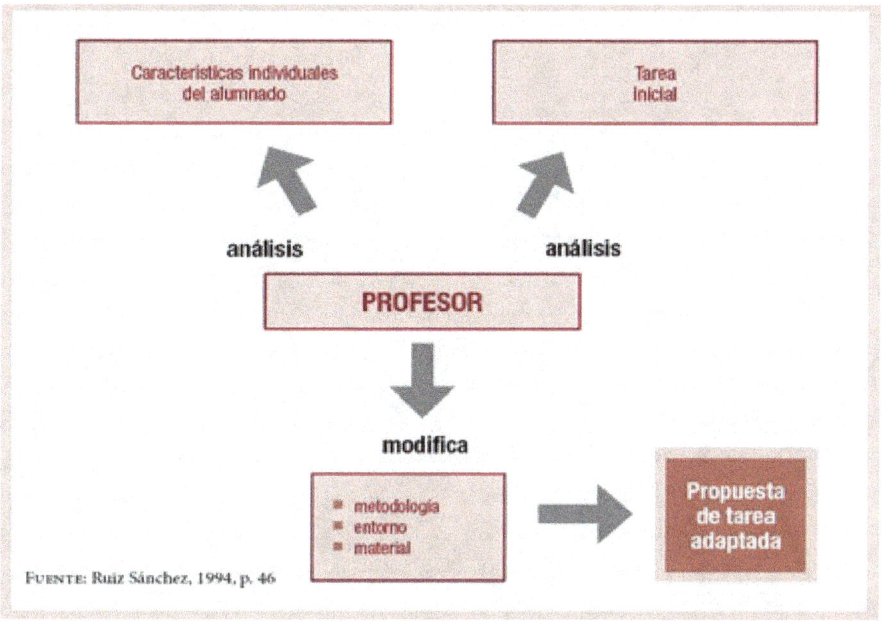

Figura 6.11.: Modelo de análisis y modificación de la tarea (Ríos et al., 2014, p. 381).

De igual manera, sería interesante que el profesorado tuviera en cuenta que, de cara a la intervención docente, podemos adoptar varias estrategias con respecto a la tarea (Arráez, 1998):

- *Igualdad*. La tarea, debido a su carácter aperturista, se mantiene sin la necesidad de realizar ninguna modificación y, aún así, permite el éxito de todo el alumnado.

- *Ayuda/apoyo*. Se ofrece información complementaria a nivel verbal, visual o kinestésico-táctil.

- *Adaptación*. Se modifica la tarea en cuanto a metodología, entorno o material, teniendo en cuenta las características individuales del alumnado y la tarea inicial.

En cualquier caso, lo verdaderamente importante es que centrarnos en el alumnado, dotarlo de protagonismo y cederle responsabilidades en la toma de decisiones en lo referente a planificación, diseño, implementación y evaluación de la tarea, no debería ser incompatible con una EF de calidad que centre sus esfuerzos en ofrecerles escenarios inclusivos de aprendizaje. En estos ambientes todos y todas las discentes deberían participar de manera activa, significativa y equitativa en la construcción de un conocimiento compartido, así como de un desarrollo integral y competencial, sin obviar la importancia de la transformación del contexto social y cultural en el que se desenvuelven.

7

Fomentar la participación del alumnado en el sistema de evaluación y calificación

En este capítulo se va a tratar un aspecto clave en las tareas docentes: la evaluación y la calificación. Abordaremos su concreción terminológica, qué se entiende por evaluación formativa y las estrategias para dar protagonismo al alumnado en su proceso evaluativo. Además, se ofrecerá una propuesta de herramienta evaluativa que se centra en el alumnado: el portafolio. Veremos en qué consiste y cuál es su estructura. Y, por último, se acometerá el espinoso tema de la calificación. En este trabajo daremos algunas claves para hacerla de manera justa y satisfactoria para todas las partes implicadas.

7.1. ESTRATEGIAS EVALUATIVAS PARA LA PARTICIPACIÓN

Nos encontramos ante el paradigma didáctico por antonomasia: la evaluación educativa. Un breve análisis de las conversaciones del profesorado acerca de su quehacer profesional gira en torno a su preocupación sobre la forma en que tienen que evaluar y calificar a sus discentes. Este es, sin ningún lugar a dudas, el gran dilema que tiene la figura docente.

Todavía, hoy en día, una gran parte de los y las docentes siguen obsesionados por la calificación, la memorización y la repetición de información (educación bancaria, según Freire). Sin embargo, creo firmemente que no podemos seguir anclados en esta visión reduccionista de la evaluación, sino que ésta debe constituirse como una oportunidad para el aprendizaje (Cano, 2008). Es precisamente esta visión de evaluación como aprendizaje (o formadora), el enfoque paradigmático desde el que consideramos que se atiende de una manera más coherente, si nuestra preocupación se centra en la importancia de ofrecer oportunidades a nuestro alumnado para que asuma responsabilidades en la toma de decisiones que le conciernen en torno a su propio proceso de evaluación.

Antes de considerar los entresijos de las estrategias que constituyen la piedra angular para la participación del alumnado en su propia evaluación, creemos muy necesario desvelar el significado de evaluación, y desmarcarlo definitivamente de la calificación, ya que en muchas ocasiones se toman por sinónimos. Es cierto que están relacionados, de tal manera que toda calificación debe llevar aparejada una evaluación, si bien no toda evaluación tiene porqué tener vinculada una calificación. Una, la evaluación, hay que entenderla en términos cualitativos, mientras que la calificación se acerca más al enfoque cuantitativo.

Así pues, por evaluación entendemos "un proceso a partir del cual se recogen datos, se analizan y, en función de dicho análisis, se toman decisiones" (Sanmartí, 2020, p. 26). Tal y como puede observarse en la Figura 7.1., en este proceso se puede y se debe hacer partícipe al alumnado si lo que queremos es enfocarnos en una evaluación como aprendizaje (o formadora).

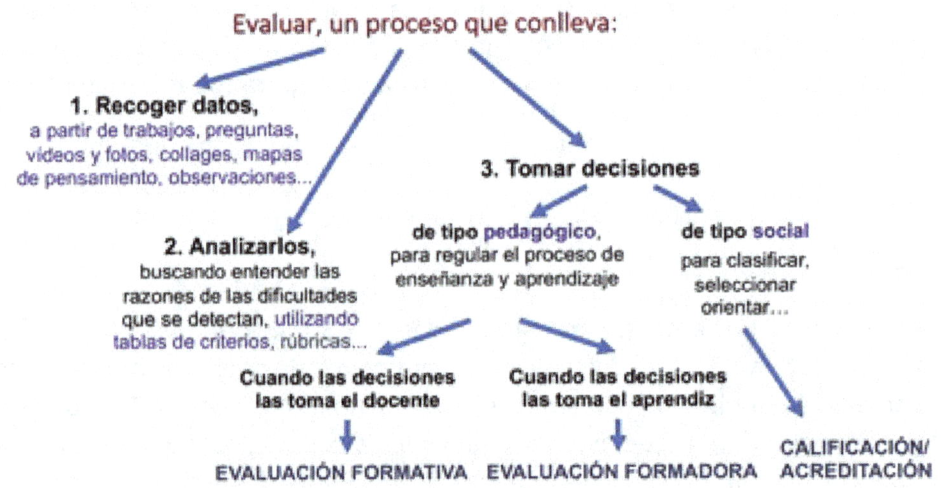

Figura 7.1.: Qué conlleva evaluar (Sanmartí, 2020).

Esta forma de concebir la evaluación en la que se empodera al alumnado y se le invita a la participación es una forma de romper con los métodos de evaluación tradicionales que, como apuntan Bourdieu & Passeron (1990), fomentan la complicidad de la figura docente como reproductor de la ideología y del *habitus* dominante. En esta dirección, tenemos que ser los abanderados del cambio paradigmático. Un cambio, por otra parte, que es complejo (Sparkes, 1992) y que resulta de una trascendencia considerable si lo que queremos es que el docente no cambie únicamente su forma de llevar a cabo su evaluación, sino y más importante aún si cabe, que modifique su estructura de pensamiento acerca de lo que considera relevante sobre el qué evaluar, cómo y para qué lo hace.

Esto va a requerir de docentes comprometidos que no sucumban a los discursos neoliberales de eficacia, cuantificación, competitividad, meritocracia y selección. Necesitamos profesoras y profesores más "pensativos y reflexivos". Pensativos en el sentido de ser capaces de tomar conciencia de las situaciones de equidad y justicia y relacionarlas con un sistema de evaluación y calificación alineado con esta forma de pensar. Reflexivos en el sentido de poner a prueba sus propias prácticas y someterlas a la crítica (Hickey, 2005).

A continuación, vamos a enumerar una serie de características que debería reunir una evaluación orientada a la participación del alumnado (Dumont, Istance, & Benavides, 2010; López-Pastor et al., 2010; Rodríguez-Gómez et al., 2018):

- *Generar expectativas claras*. Esto implica compartir con nuestro alumnado lo que esperamos de ellos y de ellas respecto a su participación en la toma de decisiones del proceso de evaluación y calificación.

- *Promover la transparencia*. Lo que significa que, desde el primer momento, el alumnado ha ser plenamente consciente del sistema de evaluación y calificación, o lo que es lo mismo, ha saber desde el principio qué se le va a evaluar y cómo, y qué se le va a puntuar y cómo.

- *Facilitar la autoevaluación y la evaluación entre iguales, así como la autocalificación y la calificación entre iguales*. El intercambio de valoraciones a través de procesos dialógicos antes, durante y después de la realización de las tareas, por medio de feedback y de feedforward, ha de ser una constante que se integra en el proceso diario de enseñanza y aprendizaje. Tanto las autoevaluaciones como la evaluación entre iguales, ha de atender tanto a la individualidad como a la generalidad del gran grupo o de los grupos pequeños. En el caso de las calificaciones, también las decisiones deben estar razonadas y justificadas. Una estrategia muy eficaz es codiseñar los criterios sobre los que el alumnado se basará para asignarse su propia nota o la de sus compañeros. Para ello, se puede utilizar un instrumento como el "Informe de autocalificación", que se verá más adelante.

- *Negociar el sistema de evaluación y calificación*. Debemos proporcionar estrategias para facilitar el codiseño del sistema de evaluación y calificación a través de procesos interactivos que promuevan el consenso en los que, de forma argumentada y fundamentada, el alumnado pueda decidir, como se dijo en el punto anterior, sobre los criterios de evaluación, las técnicas e instrumentos utilizados, los criterios de realización de la calidad de las tareas de evaluación, las fechas de entrega de los productos solicitados, así como las ponderaciones de dichas tareas.

- *Generar un clima de aula de respeto y comprensión.* Esto supone que la participación del alumnado siempre es bienvenida (cuando se haga de manera constructiva) y, en este sentido, el miedo a equivocarse está ausente porque nuestros discentes deben comprender que el error es una fuente de aprendizaje. El lema que se sigue en mis clases es: "No hay errores sino feedback". De esta manera, el grupo-clase sabe que puede intervenir en cualquier momento, no solo para plantear una duda, sino además para comentar una producción propia o de sus compañeros o compañeras, así como para sugerir propuestas de mejora sobre la forma en la que el profesorado lleva a cabo sus clases.

- *Ha de ser viable y, por tanto, sostenible.* El volumen de trabajo en este sentido no debería ser tan alto como para saturar o hacer abandonar este tipo de estrategias al docente o al alumnado. Al contrario, implementar una evaluación compartida en la que se cede protagonismo y responsabilidades al discente, como por ejemplo en la aportación de feedback entre iguales o en la autoevaluación, permite al profesorado que pueda dedicar más tiempo a dar feedback y feedforward de calidad.

- *Pensar en términos de justicia, equidad (o inclusión) y calidad; y no tanto en la objetividad.* Cuando dialogamos con nuestro alumnado, debemos hacerlo pensando en el plano de lo ético acerca de si el sistema de evaluación y calificación les parece justo, es equitativo (o inclusivo) y fomenta la calidad educativa. En el caso de la objetividad, se trata de un constructo que no conjuga muy bien, sobre todo, cuando hablamos de calificación. Pongamos un ejemplo. Supongamos que tenemos en clase a un alumno, Ramón, y una alumna, María. Ramón es un alumno "espabilado", que "coge las cosas al vuelo". No aparece por clase o, si lo hace porque la etapa educativa en la que está es obligatoria, es un poco "pasota". No interviene mucho y sus producciones dejan mucho que desear. Por el contrario, María es una "alumna aplicada". Participa en clase, ayuda a su equipo, y sus trabajos son de calidad. Sin embargo, María no tiene muy buena memoria y en nuestra asignatura el examen pondera mucho en la calificación final. El día del examen, Pedro (que tiene buena memoria) saca una nota alta, mientras que María no. Objetivamente Pedro sacará más nota que María en la calificación final, pero… ¿es justo que esto suceda así? Obviamente, se trata de un caso extremo, pero nuestra intención es llamar la atención acerca de la necesidad de diseñar un buen sistema de evaluación y calificación que, de manera consensuada, atienda a los principios de justicia, equidad (o inclusión) y calidad.

Por su parte, para Cano (2014, p. 11), una buena evaluación estaría basada en los principios del Assessment Reform Group (Tabla 7.1.):

PRINCIPIOS	IMPLICACIONES
1. Diseñada en relación a los resultados de aprendizaje buscados (y estos ligados a las competencias finales de la titulación)	Disponer de mapas de competencias que, a partir de las competencias del perfil de egresado, establezcan niveles competenciales y sugieran resultados de aprendizaje de las diversas asignaturas vinculados a dichos niveles
2. Coherente con la metodología	Alinear objetivos-actividades de aprendizaje-resultados
3. Vinculada al nivel de contenidos trabajado	Sugerir experiencias de aprendizaje y evaluación auténtica en las que haya que emplear los contenidos del nivel trabajado en la asignatura o ligeramente superior
4. Planificada (tanto las etapas de recogida de información como las formas de retorno)	Diseñar el sistema de evaluación (y el de calificación) desde el inicio estableciendo cómo y cuándo recoger los datos y qué hacer con ellos
5. Continuada	Proponer una evaluación multi-etapas y con diversidad de instrumentos
6. Con criterios relevantes y transparentes	Informar de los criterios de realización de las evidencias de aprendizaje con el nivel justo de explicitación para orientar sin eliminar la creatividad o la autonomía
7. Viable, sostenible	Generar un sistema factible de recogida y análisis de los datos con la ayuda de las tecnologías de la información

PRINCIPIOS	IMPLICACIONES
8. Centrada en la evaluación de un proceso de aprendizaje, no de la valía de una persona	Valorar el proceso de aprendizaje (documentando el recorrido realizado) y el resulta de aprendizaje. Una persona en diversos momentos del tiempo puede obtener resultados diferentes
9. Participada por los estudiantes	Proponer experiencias de autoevaluación y de evaluación entre iguales por la convicción acerca del aprendizaje que la capacidad de valorar el propio trabajo o el de los compañeros supone
10. Acompañada de feedback	Diseñar los mecanismos orales o escritos, grupales o individuales, por parte del profesorado o de los estudiantes, que se van a emplear para que cada estudiante sepa cómo progresa en la adquisición de aprendizajes y competencias y pueda implementar estrategias de mejora

Tabla 7.1.: Principios de una buena evaluación basados en el Assessment Reform Group (Cano, 2014).

En cuanto al procedimiento a seguir, en una primera fase será muy útil presentar el instrumento de alineamiento curricular visto con anterioridad (Tabla 5.4.) y discutirlo con el alumnado. A partir de aquí, entraremos de lleno en el análisis de la tarea y la construcción de los criterios de evaluación y de realización, así como en el diseño del pertinente instrumento de evaluación. Sanmartí (2020) nos propone una estrategia para compartir con el alumnado de cara a ayudarlos en todo este proceso de autorregulación, por medio del cual se hace partícipe al alumnado de los componentes de una tarea de aprendizaje (Figura 7.2.). No es suficiente con presentar las tareas y sus criterios de realización, es absolutamente necesario que el alumnado se apropie de los criterios de realización de lo que se considera una tarea bien ejecutada. Para ello, es muy útil presentar producciones de calidad de cursos anteriores y que el alumnado, en grupos pequeños, las analice para identificar los indicadores de logro que permitirán realizar la tarea de una manera óptima.

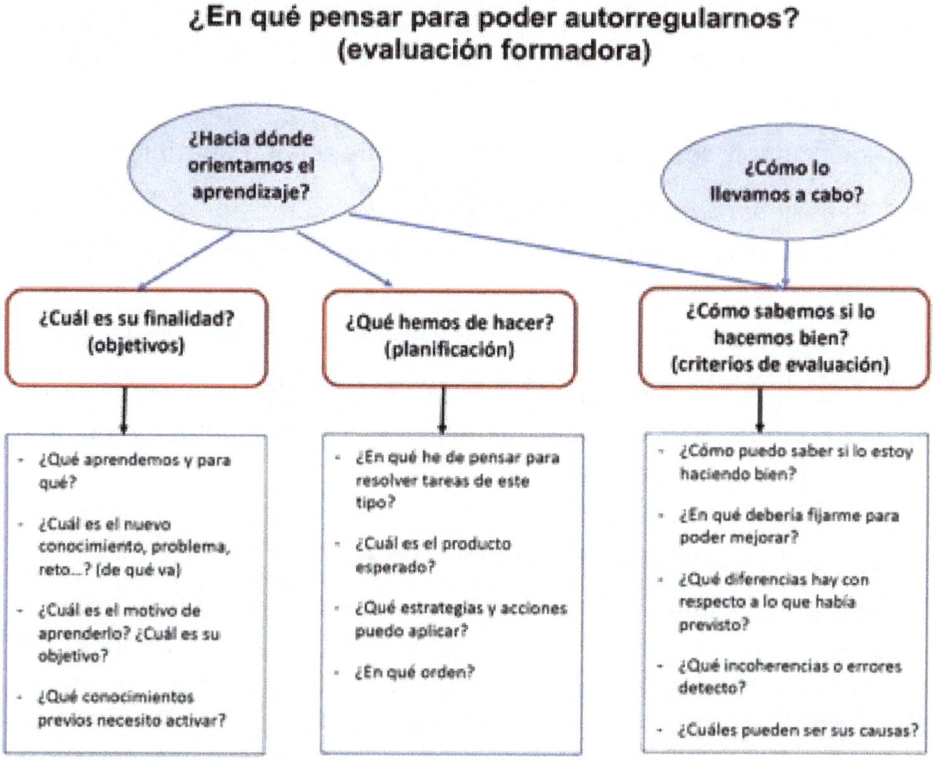

Figura 7.2.: Componentes de la evaluación formadora (Sanmartí, 2020).

En definitiva, se trata de buscar estrategias que apuesten por una participación activa del alumnado en su proceso de evaluación y calificación, que fomente la autorregulación, y que tenga como marcos de referencia la justicia, la equidad (o inclusión) y la calidad, en aras de evitar la evaluación y la calificación como ejercicio de poder y legitimación de la ideología dominante.

7.2. EL PORTAFOLIO COMO SISTEMA DE PARTICIPACIÓN EVALUATIVA

¿Qué es un portafolio?

Es una selección y reflexión de las evidencias más representativas de las fortalezas y competencias del alumnado respecto a su proceso de aprendizaje. Va más allá de la simple recopilación de trabajos del mismo ya que requiere de una toma de decisiones, análisis y valoración sobre los procesos adquiridos y cómo se han conseguido. En este sentido, más que un instrumento de evaluación, debe ser considerado como un sistema de evaluación ya que puede contener otros instrumentos o recursos que sirvan para evidenciar los aprendizajes adquiridos por el alumnado (Pérez-Gómez & Serván-Núñez, 2016).

Para que cumpla con su papel formativo, debe servir a un triple propósito:

1. Reflexionar sobre lo que se va aprendiendo.
2. Seleccionar evidencias sobre los avances y progresos de las competencias.
3. Desarrollar el espíritu crítico y la autoevaluación formativa.

Por lo tanto, ha de ser elaborado de manera autónoma y personal. Además, ha de responder al seguimiento de un proceso de aprendizaje, y no tanto a la elaboración de un producto final.

¿Cuáles son los procesos cognitivos claves en un portafolio?

El portafolios es una estrategia evaluativa que se basa en la reflexión profunda de lo que sucede en la clase. Por lo tanto, ha de desarrollar aprendizajes de orden superior donde el análisis crítico y la valoración precisa sean una constante presente en el quehacer diario del alumnado (Soto Gómez, 2016). Más allá de ser una mera descripción de lo ocurre, se convierte en el medio en el que alumnado interpreta lo que sucede en base a distintos criterios, analizando y valorando las fortalezas, las debilidades y las propuestas de mejora que sugiere a partir de lo acontecido. Se trata, en definitiva, tanto de una auto y coevaluación, como de una estrategia de metacognición, en la que los discentes se plantean qué es lo que están aprendiendo, cómo, por qué y para qué lo aprenden, así como si le ven la suficiente utilidad para aplicarlo fuera del contexto escolar.

Elementos de un portafolio

1. Parte general

1.1. Portada, índice y paginación

No existe una estructura básica de portafolio. Es una herramienta muy personal que pone a prueba tu creatividad. En la portada debería aparecer tu nombre y apellidos, curso, año, asignatura y decorarlo como quieras. También debe incluir un índice paginado y el número en cada una de las páginas (la portada no se pagina).

1.2. ¿Quién soy?

Esta es la oportunidad para que hagas un ejercicio de introspección y te analices como persona. Puedes ayudarte de un cuadro como el que sigue:

Mis fortalezas **(lo que se me da bien)**	**Mis debilidades** **(lo que no se me da tan bien)**
1.	1.
2.	2.
3.	3.
...	...
¿Te pueden ayudar en tu aprendizaje? Si/No ¿Por qué?	*¿Te pueden obstaculizar en tu aprendizaje? Si/No ¿Por qué?*
¿Cómo podrías optimizarlas?	*¿Cómo podrías minimizarlas?*

1.3. ¿Cómo he llegado hasta aquí? Mi pequeña historia de vida

Relata brevemente cuál ha sido tu camino académico y formativo hasta llegar a los estudios actuales (qué te impulsó a tomar esta decisión, por qué, has tenido referentes en quien fijarte...) y cualquier otra circunstancia relevante que te haya sucedido y te apetezca comentarlo.

1.4. Mis expectativas, intereses, gustos o necesidades

¿Cuáles son tus expectativas para este curso? Escribe al menos tres. Al finalizar el curso, reflexiona si se han cumplido y porqué. Además, expresa cuáles son tus intereses, gustos o necesidades respecto a la clase de Educación Física.

Expectativas del curso (Lo que espero aprender de...)	Al final de curso, ¿se han cumplido? Si/No ¿Por qué?
La asignatura: 1... 2... 3...	
Mi profesor/a: 1... 2... 3...	
Mis compañeros y compañeras: 1... 2... 3...	
Mis intereses, gustos o necesidades	

1.5. Señala cualquier otro aspecto que quieras destacar sobre ti

Aquí puedes incluir fotos de tu biografía que te definan como persona o añadir cualquier otro aspecto que quieras destacar de ti.

2. Evidencias

2.1. Mapa conceptual/mental de cada situación de aprendizaje

Se trata de hacer un mapa conceptual o un mapa mental sobre los aspectos más importantes de la situación de aprendizaje que se está llevando a cabo. El objetivo de esta actividad es que analices el contenido del tema y realices una síntesis de este.

2.2. Diario de aprendizaje

Se trata de hacer un seguimiento diario (o semanal, según el caso) de las tareas que realizamos en el aula. Para que tenga un contenido formativo no es suficiente con que expliques solo qué hicimos. Además, tienes que reflexionar sobre lo que te ha parecido positivo o negativo de la sesión y cómo mejorarlo. Para ello, te recomiendo que apoyes tus argumentaciones con referencias (autores-as, estudios, investigaciones, documentos, etc.) (Nota: esta parte de referencias dependerá de la etapa educativa en la que se implante el portafolio). En definitiva, el objetivo de esta actividad es valorar de manera crítica tus aprendizajes y hacer propuestas sobre cómo mejorarlos. Recuerda que no tienes que describir detalladamente todo lo sucedido en las clases. Solo tendrás que fijarte en los incidentes críticos, es decir, aquellas situaciones que te han llamado la atención positiva o negativamente.

Fecha:	Objetivo de la sesión:
1. ¿Qué hemos hecho hoy? Descripción de las tareas realizadas en clase.	
2. Reflexión personal: ¿qué me ha parecido positivo o negativo de la clase? ¿qué hubiera cambiado? ¿habría propuesto otra alternativa? ¿por qué? Todo lo que reflexiones aquí, tienes que justificarlo.	

2.3. Producciones de trabajo

Todas las producciones que se realicen en clase (ficha de diseño de sesión, de auto y coevaluación, rúbricas, etc.) tienen que ser incluidas en este apartado. Asegúrate que has recibido feedback docente o de compañeros-as y está incluido en la misma ficha. Aquí solo tienes que poner su relación (es decir, el título). El documento original se incluye en el apartado "Anexos".

Relación de evidencias de aprendizaje	Relación con las competencias/criterios de evaluación/resultados de aprendizaje
1.	
2.	
3.	
...	

2.4. Producciones de trabajo voluntarias

Aquí puedes seleccionar y adjuntar todas aquellas evidencias que creas que te pueden ayudar a justificar la adquisición de tus aprendizajes (fotos, vídeos, trabajos voluntarios, e incluso si haces actividades como voluntario/a fuera del centro, etc.). A estas evidencias tienes que añadir una vinculación con las competencias/criterios de evaluación/resultados de aprendizaje desarrollados. Esta es la tabla que te servirá como modelo.

Relación de evidencias voluntarias de aprendizaje	Relación con las competencias/criterios de evaluación/resultados de aprendizaje
1.	
2.	
3.	
...	

3.Referencias

En este apartado tienes que poner las fuentes que has consultado (internet, libros, revistas...). Recuerda que tienes que citar las fuentes según el formato APA (Nota: esta parte dependerá de la etapa educativa en la que se implante).

4. Anexos

En este anexo tienes adjuntar (o escanear si te resulta más fácil) todas las producciones recogidas en los puntos 2.3 y 2.4 (evidencias obligatorias y voluntarias).

Nota:
Para elaborar el e-portafolio puedes utilizar cualquiera aplicación.

Orientaciones para evaluar el portafolio

Lo más formativo siempre será que el alumnado construya su propia rúbrica para evaluar (y calificar, si procede) su propio portafolio. Para ello, la recomendación es mostrar varios portafolios de cursos anteriores con distintos niveles de calidad (mejorable, aceptable y excelente). En grupos pequeños, se reúnen para analizar qué es lo que caracteriza a cada uno de ellos, es decir, por qué uno es mejorable, otro aceptable y el tercero excelente (sería recomendable que se presentaran en este orden, ya que el alumnado podrá tener más fresco los indicadores que se consideran para un portafolio de calidad). Una vez analizados, se hace una puesta en común para consensuar, entre toda la clase, los apartados del portafolio y los criterios de calidad de dicho producto. La ponderación de cada apartado (o calificación) también sería deseable que fuera consensuado con el grupo-clase.

En cualquier caso, aquí se presenta una propuesta de indicadores de calidad que pueden servir como orientación sobre lo que se podría valorar de dicho instrumento:

- Presentación:
    o Inclusión de todos los elementos que componen el portafolio realizado con originalidad y creatividad.
    o Calidad artística y competencia comunicativa que favorece la comprensión del texto.
- Organización del portafolio de manera que quede evidenciado el proceso seguido y permita una localización rápida y eficaz de los elementos que lo componen.
- Puntualidad a la hora de la entrega (previamente se habrá acordado con el grupo-clase la fecha de entrega).
- Cantidad y calidad de la realización de las evidencias voluntarias.
- Inclusión y descripción de todas las sesiones en el diario de prácticas, realizadas con profundidad en el análisis de lo sucedido.
- Calidad artística de los mapas mentales/conceptuales, realizando un buen análisis y síntesis de la situación de aprendizaje.

7.3. ESTRATEGIAS PARA UNA CALIFICACIÓN MÁS JUSTA

7.3.1. En busca del arca perdida (o de la calificación justa)

"¡Con la iglesia hemos topado, querido Sancho!" He aquí uno de los grandes motivos que hacen perder el sueño tanto a docentes como a discentes. Con frecuencia la calificación es vista como un proceso injusto, no solo por el alumnado, sino con mayor asiduidad por el profesorado. Y no es para menos, la calificación en el ámbito escolar es un tema que tiene connotaciones no solo pedagógicas, sino más allá de ello, incluso sociológicas. Las calificaciones no dejan de ser más que una etiqueta que se le pone al alumnado para intentar acreditar los aprendizajes adquiridos (o no) por este, tras el proceso de enseñanza.

Ahora bien, ¿tiene sentido su uso en las etapas obligatorias de la educación (primaria y secundaria)? Para Pérez-Gómez (2012, p. 219), "la calificación solamente se justifica cuando necesitamos clasificar a los diferentes componentes de un grupo humano a efectos de poder seleccionar a los más adecuados para una tarea, puesto o responsabilidad". Como, por ejemplo, para una oposición a la función pública docente.

Así pues, ¿vale la pena poner una etiqueta a un niño o una niña de 6 años (o la edad que sea)? Hay una respuesta pedagógica: no; pero también una respuesta normativa: sí. La ley nos obliga a poner una calificación al finalizar un período de tiempo (un trimestre, un cuatrimestre o un curso), pero no al finalizar una situación de aprendizaje o una tarea (por ejemplo, una redacción, un examen, un trabajo de investigación, un baile, un deporte, etc.). Por lo tanto, las calificaciones deberían reducirse al mínimo, dando prioridad a mucho feedback y de calidad (paradójicamente, es lo contrario a lo que suele suceder en las aulas: poco feedback o de baja calidad y muchas calificaciones). Es más, nos llama la atención cuando en las redes sociales algún docente hace esto, es decir, cuando minimiza las calificaciones y hace comentarios formativos o motivadores sobre las producciones de su alumnado (cuando, precisamente, esto debería ser la normalidad). En fin, como no podemos evitar este procedimiento, pues tenemos que buscar una estrategia que sea lo más justa posible. Pero antes de pasar a ello, vamos a detenernos en lo cualitativo.

7.3.2. El quid de la cuestión: menos calificación y más feedback, para una evaluación formadora

La literatura pedagógica y la evidencia científica (Álvarez Méndez, 2001; Biggs, 2006; Black & Wiliam, 1998; Gibbs & Simpson, 2009; Hattie, 2017; López Pastor, 2017; Sanmartí, 2020; Santos-Guerra, 2014) han acreditado que, en la medida en que seamos capaces de dar más feedback formativo por nuestra parte, o promover escenarios para que ese feedback sea proporcionado entre iguales o de manera propia y, a su vez, limitemos al mínimo obligatorio por ley las devoluciones cuantitativas (o calificaciones), estaremos en disposición de aseverar que los aprendizajes estarán más consolidados y serán más constructivos, profundos y funcionales.

¿Pero cómo dar buen feedback? Algunas orientaciones sobre la forma en que se debería realizar, podrían resumirse en (Boud & Molloy, 2016; Cabrera & Mayordomo, 2016; Ion, Silva, & Cano, 2013; Sanmartí, 2020):

- Debe estar integrado en el proceso de enseñanza-aprendizaje, lo que implica que debe ser planificado y, por lo tanto, se tiene que buscar un espacio y un tiempo para que se pueda realizar de manera sistemática, y no como una acción puntual al finalizar una tarea, una situación de aprendizaje o, lo que es peor, al término de un trimestre, cuatrimestre o curso.

- Se trata de una habilidad (y como todas las habilidades, se mejora con el entrenamiento), así que debemos ofrecer a menudo oportunidades para dar y recibir feedback (sin saturar al docente o al discente).

- Hay que proporcionarse información antes (feedup), durante (feedback) y al finalizar con vistas a la mejora de tareas futuras (feedforward).

- Generar un clima de aula positivo y basado en la confianza y el respeto de tal manera que el error sea concebido como una fuente de aprendizaje, y no como un motivo para la ridiculización o la estigmatización.

- Se trata de un proceso dialógico que incita a la reflexión del alumnado, por lo tanto, será más formativo siempre que se realice de manera interrogativa. También se podrá proporcionar de manera prescriptiva, descriptiva o informativa, pero el impacto en el aprendizaje será menor.

- Tiene que ser específico, es decir, apuntar sobre los aspectos destacables de la tarea (fortalezas, debilidades y propuestas de mejora) y no sobre cuestiones personales del estudiantado.

- Tiene que estar basado en criterios de evaluación y criterios de calidad de la tarea que deben ser conocidos previamente por el alumnado y, a ser posible, codiseñados.

- Tiene que proporcionarse a tiempo, esto significa que no debe demorarse en el tiempo y, además, tiene que evidenciarse que se ha utilizado en la tarea siguiente.

- En la medida de lo posible, proporcionar el feedback sin calificación y, a ser posible, entre iguales. Ello no descarta que el docente pueda manifestarlo como complemento a esta interacción entre discentes.

7.3.3. Autocalificación y calificación dialogada: la luz al final del túnel

Siguiendo a López-Pastor (2017), por autocalificación entendemos el "proceso a través del cual cada alumno fija la calificación que cree merecer, normalmente tras un proceso previo en que el profesor acuerda con el alumnado los criterios de calificación" (p. 45); mientras que la calificación dialogada podemos concebirla como el "proceso por el cual alumnado y profesorado dialogan sobre la calificación definitiva y la acuerdan, en base a los criterios de calificación previamente establecidos. Puede ser individual, en pequeños grupos o en gran grupo" (p. 45).

Una forma de introducir al grupo-clase en la autocalificación y calificación dialogada es utilizar el reparto de notas sobre las tareas realizadas (Hamodi, 2016, p. 48). Esta estrategia consiste en asignar una calificación grupal para cada tarea realizada en equipo (Figura 7.3.). A continuación, se multiplica por el número de personas que componen el grupo. Finalmente, esta nota global se tendrá que repartir de manera autónoma entre los miembros del grupo. Hay dos maneras de llevarla a cabo: se les puede dar la opción al alumnado de que sus notas pueden ser similares; o pedirles que ninguna de sus calificaciones sea igual (tendrá que haber una diferencia, como mínimo de un decimal).

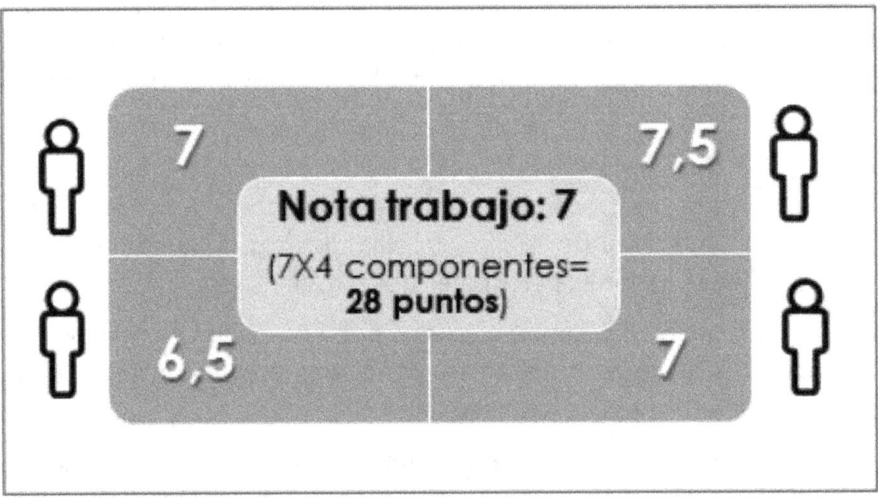

Figura 7.3.: Distribución intra-grupal de la calificación de un trabajo colectivo (Hamodi, 2016).

Una estrategia un poco más avanzada, y que ofrece un mayor margen de participación al alumnado en su autocalificación, es la propuesta que presentamos a continuación. Se basa en los principios de autonomía, responsabilidad y justicia, y consiste en solicitarle que se asigne una calificación final de la asignatura al terminar un periodo escolar (un trimestre, un cuatrimestre o un curso). Para llevar a cabo esta estrategia, utilizamos lo que denominamos el "Informe de autocalificación" (Tabla 7.2.).

<table>
<tr><td colspan="5" align="center">Informe de autocalificación</td></tr>
<tr>
<td>Nombre y apellidos:</td>
<td>% Asignado
Se trata del porcentaje (máximo) consensuado previamente con el alumnado.</td>
<td>% Auto Calificación
Se trata del porcentaje que se autoasigna el estudiantado sobre el consensuado.</td>
<td colspan="2">Justificación</td>
</tr>
<tr>
<td>Tarea 1</td>
<td>40 ptos.</td>
<td>Escribe aquí tu calificación.</td>
<td colspan="2">Aquí tienes que justificar o explicar porqué has elegido asignarte esa puntuación (toma como referente los criterios de evaluación que tienes debajo)</td>
</tr>
<tr>
<td colspan="5">Criterios de evaluación:
En este apartado tienen que quedar explícitos los criterios que servirán para valorar la calidad de la realización de la tarea, y que han sido previamente codiseñados con el estudiantado.</td>
</tr>
<tr>
<td>Tarea 2</td>
<td>30 ptos.</td>
<td>Escribe aquí tu calificación.</td>
<td colspan="2">Aquí tienes que justificar o explicar porqué has elegido asignarte esa puntuación (toma como referente los criterios de evaluación que tienes debajo).</td>
</tr>
<tr>
<td colspan="5">Criterios de evaluación:
En este apartado tienen que quedar explícitos los criterios que servirán para valorar la calidad de la realización de la tarea, y que han sido previamente codiseñados con el estudiantado.</td>
</tr>
</table>

Informe de autocalificación			
Tarea X	**30 ptos.**	*Escribe aquí tu calificación.*	*Aquí tienes que justificar o explicar porqué has elegido asignarte esa puntuación (toma como referente los criterios de evaluación que tienes debajo).*
Criterios de evaluación: *En este apartado tienen que quedar explícitos los criterios que servirán para valorar la calidad de la realización de la tarea, y que han sido previamente codiseñados con el estudiantado.*			
TOTAL (100 ptos.)	*Escribe aquí tu calificación final.*		

Tabla 7.2.: Informe de autocalificación.

Sobre la base de esta autocalificación, se pueden seguir dos procedimientos:

1. Respetar la nota tal cual ha sido asignada, pese a quien le pese. Autores como Fernández-Balboa (2005) o Lorente-Catalán, López-Pastor, & Kirk (2018) consideran que en un proceso evaluativo plenamente democrático el estudiantado no debería ser juzgado por el acuerdo entre las notas suyas y las del docente. Por lo tanto, la calificación que se autoasigna se respeta y es la que queda reflejada en el boletín de notas.

2. Particularmente, me gusta pensar en términos de justicia y ello implica considerar que dicha calificación refleja lo más realistamente posible el trabajo realizado o los aprendizajes adquiridos. No es la tónica general, pero sí es cierto que un pequeño porcentaje del alumnado tiende a "inflarse" su nota (por los motivos que sea, y que no vamos a discutir en estos momentos). Visto desde la perspectiva social, me parece muy injusto que un alumno o alumna tenga más puntuación que otro u otra en mi asignatura, simplemente "porque le apetece o le interesa". Es cierto que hay que tomar como referencia la evaluación criterial, la individualidad y el contexto de cada persona, pero en estos casos considero que es más justo siempre utilizar la estrategia del contraste con la calificación del profesorado o el diálogo con el grupo-clase sobre si esa

nota les parece acertada. Por eso en mis clases, para evitar estas situaciones de injusticia, pongo una condición (de las pocas que hay) y es la siguiente: "La regla del punto", que consiste en contrastar la autocalificación con la calificación que he asignado yo. Aquí pueden ocurrir dos situaciones:

A. Si la diferencia entre ambas es menor a ese punto, se mantiene la nota más alta.

B. Si la autocalificación supera en un punto o más a la heterocalificación, se puede deducir que esa nota ha sido "inflada". En este caso, el alumnado puede escoger entre quedarse con la calificación mía o (si le sigue pareciendo injusta dicha calificación porque es muy baja) puede optar a una entrevista personal conmigo para dialogar sobre la nota y llegar a un acuerdo. Si el número de estudiantes es bajo, se puede utilizar el formato de contraste macro-grupal, que significa que cada alumno o alumna defiende su nota en público delante de sus compañeros y compañeras. A continuación, el docente emite su calificación y entre toda la clase se acuerda el valor más justo para ese estudiante en particular.

Como puede apreciarse, el sistema alude al sentido de la responsabilidad individual, pero también social. Esto significa que hay que respetar y ceñirse a unos criterios de evaluación que, además, han sido codiseñados y consensuados entre toda la clase, así que "No todo vale".

Pero… ¿y entonces qué pinta el profesorado en todo esto?

A lo largo de todo el libro se ha venido comentando la idea de que el estudiantado es el protagonista, pero ¿significa eso que la figura docente está eximida de toda responsabilidad? ¿Se trata entonces de un "dejar-hacer" al alumnado lo que le venga en gana? Ya se ha comentado con anterioridad que el profesorado finalmente adopta un rol de guía-acompañante. ¿Pero qué significa esto? ¿Cómo se concretan, entonces, las competencias docentes en este modelo pedagógico?

En términos generales, para Zabalza (2003) las tareas que deberemos desempeñar como docentes son planificar el proceso de enseñanza-aprendizaje, seleccionar y preparar los contenidos disciplinares, ofrecer informaciones y explicaciones comprensibles y bien organizadas (competencia comunicativa), manejo de las nuevas tecnologías, diseñar la metodología y organizar las actividades, comunicarse-relacionarse con las figuras discentes, tutorizar y evaluar. Mientras que Perrenoud (2004), al margen de estas, añade que deberíamos saber manejarnos en gestionar la progresión de los aprendizajes, elaborar y hacer evolucionar dispositivos de diferenciación, implicar al alumnado en su aprendizaje y en su trabajo, trabajar en equipo, participar en la gestión, informar e implicar a las familias, afrontar los deberes y los dilemas éticos de la profesión y organizar la propia formación continua.

En nuestro ámbito disciplinar, Blázquez (2013) sostiene que para ser un mejor profesor de Educación Física, se deben dominar diez competencias docentes vinculadas directamente con la gestión didáctica de la clase, a saber: diseñar, concebir y preparar la clase, gestionar la progresión de los aprendizajes, realizar un diagnóstico inicial, utilizar métodos de enseñanza/aprendizaje adecuados, crear un clima de aprendizaje para la convivencia y la tolerancia, organizar el grupo clase, emplear y utilizar adecuadamente los medios y recursos didácticos, comunicarse bien con el alumnado, motivarlo para aprender y, finalmente, regular y ajustar el aprendizaje a partir de los errores.

Como se puede apreciar, ser docente significa tener habilidades de gestión de aula, pero también de comunicación, de socialización, etc. No obstante, en una EFCA el rol docente debe ir más allá de lo meramente técnico para embarcarse en el posicionamiento ético e ideológico y procurar servir de estímulo a la figura discente para que se cuestione su situación en el sistema educativo y, a partir de esta crítica reflexiva, puedan establecerse mecanismos para generar la transformación social en aras de un mundo más justo, equitativo, solidario y sostenible. Esto implica, por un lado, que la figura docente debe ceder su trono de autoritarismo y visión de experto para situarse en el plano horizontal de acompañante/guía de los procesos técnicos y éticos a través de la escucha, el diálogo y la acción (Devís-Devís & Pérez-Samaniego, 2015). Este cambio de mentalidad hacia las creencias y valores e ideas pedagógicas es relativamente difícil (Fullan, 2002), e implica un grado de profesionalidad y compromiso docente que no todo el mundo está dispuesto a pagar. En palabras de Stenhouse (1984) se trataría de reconvertirnos de un profesional restringido (aquel que se preocupa solo por lo que pasa en su aula) a un profesional amplio (además de esto, se tiene en cuenta el contexto, se forma y reflexiona críticamente sobre el "para qué", etc.).

En este proceso de cambio, hay que tener en cuenta que, por un lado, la cesión de responsabilidades al alumnado no se hace de manera repentina o espontánea. Requiere de tiempo, de conocimiento de las competencias de nuestro grupo clase y de un progresivo proceso de apertura hacia la implicación y la participación del estudiante en su proceso de enseñanza-aprendizaje. Y por otro lado, hay que reconocer que el peso de la tradición técnica de la enseñanza es muy grande, así que se requiere de una profunda reflexión y cuestionamiento sobre nuestra visión de la sociedad y del modelo de persona, de la educación y de la EF que se quiere conseguir o a la que se aspira llegar (Gómez Rijo, 2013). Reflexión que debe ser entendida como un proceso interactivo, social y comunitario, así como actividad deliberada, contextualizada, basada en la evidencia e interpretativa sobre lo que ocurre o nos llama la atención (Tinning & Ovens, 2015).

Así pues, el modelo de profesorado que se vislumbra como más coherente con una EFCA, es aquel que domina una serie de cuestiones como son:

1. Reflexionar críticamente sobre su papel (reproductor o emancipador), así como el modelo de escuela, alumnado y de Educación Física. Esto supone identificarse como un profesional reflexivo que cuestiona su praxis, en y sobre la acción, pudiéndose considerar como un intelectual crítico y no como un mero aplicador de programas elaborados por otras

personas. Para Hickey (2005) se trataría de formar docentes más "pensativos y reflexivos". Pensativos en la medida en que puedan identificar situaciones de equidad y justicia y relacionarlas con sus creencias y prácticas. Y reflexivos para estar dispuestos a criticar y adaptar su práctica dentro de un proceso de investigación-acción propio caracterizado por la planificación, puesta en práctica y autoevaluación. De hecho, según Biggs (2006), el profesorado experto y exitoso es el que continuamente se cuestiona sobre su propia práctica.

2. Crear contextos de aprendizaje donde la figura discente pueda tomar decisiones a partir de la información ofrecida, el conocimiento adquirido y la participación promovida. Esta forma de entender la docencia traslada el papel de la eficacia docente no al tiempo de compromiso motor, sino al mejor aprovechamiento temporal de sus clases en términos de auténticos aprendizajes autónomos, significativos, constructivos, críticos y reflexivos (que no siempre se corresponden con mayor tiempo de actividad motriz).

3. Generar situaciones de aprendizaje basadas en la indagación, en la exploración y en la resolución de problemas en contextos lo más reales posible. Esto implica, en primer lugar, identificar esas situaciones problemáticas sobre las que se puede intervenir; seguidamente, proporcionar recursos, espacios y tiempos para poder resolver esas tareas; y, finalmente, ofrecer oportunidades para la autoevaluación y la coevaluación sobre los resultados de aprendizaje obtenidos de cara a su transferencia y aplicación a otros contextos. Esto supone:

    "que el alumnado debe pasar de ser un mero consumidor o reproductor de ejercicios, juegos y deportes a un agente activo y crítico, capaz de servirse de su repertorio motriz y del abanico de prácticas físicas de que dispone con el objeto de comprender y transformar el sentido y la utilidad que la actividad motriz tiene en su vida cotidiana" (Buscà, Moneo, Rodríguez-Martín, Hernández, & Murillo, 2016, p. 230).

En definitiva, nuestro papel en este mundo dominado por los cambios vertiginosos y la saturación informativa, consiste en identificarnos como un profesional reflexivo, intelectual y transformador que, frente al reproductor que aplica recetas y se fía de las figuras expertas, se apropia de su rol como corresponsables de lo que sucede, que toma partido por lo que quiere que suceda y asume un compromiso por la acción para la transformación personal de nuestro alumnado pero también por la transformación social de un mundo cada vez más globalizado y complejo que tiende a minimizar la riqueza de la diversidad en aras de la estandarización y la homogeneidad.

En palabras de la UNESCO (2015), dejarnos inspirar por una EFCA que esté:

> *"basada en el respeto de la vida y la dignidad humana, la igualdad de derechos, la justicia social, la diversidad cultural, la solidaridad internacional y la responsabilidad común por un futuro sostenible. En él se propone que erijamos la educación y el conocimiento en bienes comunes mundiales a fin de reconciliar la finalidad y la organización de la educación como un cometido social colectivo en un mundo complejo"* (p. 94).

Referencias

Álvarez Méndez, J. M. (2001). *Evaluar para conocer, examinar para excluir*. Madrid: Morata.

Apple, M. W. (1997). *Educación y poder*. Madrid: Paidós.

Arnold, P. J. (2000). *Educación física, movimiento y currículum*. Madrid: Morata.

Arráez, J. M. (1998). *Teoría y Praxis de las adaptaciones curriculares en la Educación Física. Un Programa de Intervención Motriz aplicado a la Educación Primaria*. Málaga: Aljibe.

Bain, J. D., Ballantyne, R., Packer, J., & Mills, C. (1999). Using journal writing to enhance teachers reflextivity during field experience placements. *Teachers and Teaching: Theory and Practice, 5*(1), 51–73.

Biggs, J. (2006). *Calidad del aprendizaje universitario*. Madrid: Narcea.

Black, P., & Wiliam, D. (1998). Assessment and classroom learning. *Assessment in Education: Principles, Policy & Practice, 21*(1), 7–74. https://doi.org/10.1080/0969595980050102

Blázquez Sánchez, D. (2013). *Diez Competencias docentes para ser mejor Profesor de Educacion Física. La gestión didáctica de la clase*. Barcelona: Inde.

Blázquez Sánchez, D. (2017). *Cómo evaluar bien Educación Física. El enfoque de la evaluación formativa*. Barcelona: Inde.

Blázquez Sánchez, D., Sebastiani Obrador, E. M., Lorente Catalán, E., Lacasa Claver, E., Barrachina Peris, J., Chavarria Navarro, X., Delgado Noguera, M. Á. (2019). *Enseñar por competencias en educación Física* (3ª ed.). Barcelona: Inde.

Boud, D., & Molloy, E. (2016). *El feedback en educación superior y profesional. Comprenderlo y hacerlo bien*. Madrid: Narcea.

Bourdieu, P., & Passeron, J. (1990). *Reproduction in education, culture and society*. London: Sage.

Buscà, F., Moneo, S., Rodríguez-Martín, B., Hernández, M., & Murillo, C. (2016). *Competencias básicas y Educación Física: Bases para la innovación curricular en el marco de la sociedad del aprendizaje*. (1ª ed.). Sevilla: Wanceulen.

Cano, M. E. (2008). La evaluación por competencias en la educación superior. *Profesorado,* 12(3). Disponible en http://www.ugr.es/local/recfpro/rev123COL1.pdf.

Cano, M. E. (2014). Análisis De Las Investigaciones Sobre Feedback: Aportes Para Su Mejora En El Marco Del Eees. *Bordón. Revista de Pedagogía*, *66*(4), 9–24. https://doi.org/10.13042/bordon.2014.66402

Cano, M. E., Barrios, R., Cabrera, N., Delgado, A., Fabregat, J., Fernández Ferrer, M., Valero, M. (2011). *Buenas prácticas en la evaluación de competencias. Cinco casos de educación superior* (M. E. Cano, ed.). Barcelona: Laertes.

Casado-Berrocal, Ó., Pérez-Pueyo, Á., Horgüela-Alcalá, D., & Fernández-Río, J. (2019). *Modelo integral de transición activa hacia la autonomía.* Disponible en https://buleria.unileon.es/bitstream/handle/10612/11128/%40 Libro ULE Autorregulación final sep 2019 2.pdf?sequence=1&isAllowed=y

Castañer, M., & Camerino, O. (2006). *Manifestaciones básicas de la motricidad*. Lleida: Universidad de Lleida.

Chiva-Bartoll, Ò., & García-Puchades, W. (2018). Educación física y aprendizaje-servicio: un enfoque pedagógico crítico y experiencial. En D. Martos-García & E. Lorente-Catalán (Eds.), *Educación Física y pedagogía crítica. Propuestas para la transformación personal y social* (pp. 215-235) Lleida, Valencia: Universidad de Lleida, Universidad de Valencia.

Damasio, A. (2010). *El cerebro creó al hombre*. Madrid: Editorial Planeta.

Deci, E., & Ryan, R. (1985). *Intrinsic motivation and self-determination in human behavior*. New York: Plenum Press.

Deeley, S. J. (2018). *El Aprendizaje-Servicio en educación superior. Teoría, práctica y perspectiva crítica.* Madrid: Narcea.

Delors, J. (1996). *La educación encierra un tesoro. Informe Delors*.

Devís-Devís, J. (2001). El currículum oculto y las nuevas orientaciones en el estudio del currículum en la educación física. En B. Vázquez Gómez (Ed.), *Bases educativas de la actividad física y el deporte* (pp. 277–300). Madrid: Síntesis.

Devís-Devís, J., & Pérez-Samaniego, V. (2015). La ética profesional en la formación del profesorado de Educación Física. En L. Martínez-Álvarez & R. Gómez (Eds.), *La Educación Física y el deporte en la edad escolar. El giro reflexivo en la enseñanza.* (2ª ed., pp. 141–169). Buenos Aires: Miño y Dávila.

Díaz-Barriga, Á. (2011). Competencias en educación. Corrientes de pensamiento e implicaciones para el currículo y el trabajo en el aula. *Revista Iberoamericana de Educación Superior, II*(5), 3–24. Disponible en http://www.redalyc.org/articulo.oa?id=299123992001

Díaz-Barriga, F. A. (2006). *Enseñanza situada: vínculo entre la escuela y la vida.* México D.F.: McGraw-Hill/Interamericana.

Dumont, H., Istance, D., & Benavides, F. (2010). *La Naturaleza del Aprendizaje. Investigación para inspirar la práctica.* Disponible en http://www.oecd.org/education/ceri/The Nature of Learning.Practitioner Guide.ESP.pdf

Fernández-Balboa, J. M. (2004). Recuperando el valor ético-político de la Pedagogía: las diferencias entre la Pedagogía y la Didáctica. En A. Fraile (Ed.), *Didáctica de la Educación Física. Una perspectiva crítica y transversal* (pp. 315–328). Madrid: Biblioteca Nueva.

Fernández-Balboa, J. M. (2005). La auto-evaluación como práctica promotora de la democracia y la dignidad. En Á. Sicilia-Camacho & J. M. Fernández-Balboa (Eds.), *La otra cara de la enseñanza. La Educación Física desde una perspectiva crítica* (pp. 127-158). Barcelona: Inde.

Fernández-Río, J. (2017). El Ciclo del Aprendizaje Cooperativo: Una guía para implementar de manera efectiva el aprendizaje cooperativo en educación física. *Retos. Nuevas Tendencias En Educación Física, Deporte y Recreación*, (32), 264–269.

Freire, P. (2005). *Pedagogía Del Oprimido* (2ª ed.). México: Siglo XXI.

Fromm, E. (1998). *El humanismo como utopía real.* Barcelona: Paidós.

Fullan, M. (2002). *Los nuevos significados del cambio en la educación.* Barcelona: Octaedro.

Gibbs, G., & Simpson, C. (2009). *Condiciones para una evaluación continuada favorecedora del aprendizaje* (1ª ed.). Barcelona: Octaedro.

Giroux, H. (2012). *Los profesores como intelectuales. Hacia una pedagógia crítica del aprendizaje* (7ª ed.). Barcelona: Paidós.

Gómez-Rijo, A., Fernández-Cabrera, J. M., Hernández-Moreno, J., Sosa-Álvarez, G., & Pacheco-Lara, J. J. (2020). (Re) pensar la competencia motriz. *Retos, 40*(40), 375–384. https://doi.org/10.47197/retos.v1i40.82959

Gómez Rijo, A. (2013). *Estrategias de intervención docente en educación física para el desarrollo de la autonomía en el alumnado de Educación Primaria.* Disponible en http://riull.ull.es/xmlui/handle/915/9758

Hamodi, C. (2016). La distribución intra-grupal de la calificación de trabajos colectivos. En C. Hamodi (Ed.), *Formar mediante la evaluación en la Universidad* (pp. 45-53). Valladolid: Universidad de Valladolid.

Hattie, J. (2017). *Aprendizaje visible para profesores.* Madrid: Ediciones Paraninfo.

Hickey, C. (2005). Planificar el futuro, contra antecedentes poderosos y presentes precarios. En Á. Sicilia-Camacho & J. M. Fernández-Balboa (Eds.), *La otra cara de la enseñanza. La Educación Física desde una perspectiva crítica.* (pp. 77–93). Barcelona: Inde.

Ion, G., Silva, P., & Cano, M. E. (2013). El feedback y el feedforward en la evaluación de las competencias de estudiantes universitarios. *Profesorado. Revista de Currículum y Formación Del Profesorado, 17*(2), 283–301. Disponible en http://www.ugr.es/~recfpro/rev172COL4.pdf

Johnson, D. W., Johnson, R. T., & Holubec, E. J. (1999). *El aprendizaje cooperativo en el aula.* Buenos Aires: Paidós.

Kirk, D. (1990). *Educación Física y Currículum: introducción crítica.* Valencia: Universitat de Valencia.

Larraz, A. (2004). Los dominios de acción motriz como base de los diseños curriculares en educación física: el caso de la comunidad autónoma de Aragón en educación primaria. En P. Lavega & F. Lagardera (Eds.), *La ciencia de la acción motriz* (pp.203-226). Lleida: Universidad de Lleida.

Le Boterf, G. (2000). *Ingeniería de las competencias.* Barcelona: Gestión 2000/Epise.

López-Pastor, V. (2017). Evaluar para aprender y la implicación del alumnado en los procesos de evaluación y aprendizaje. En V. López-Pastor & Á. Pérez-Pueyo (Eds.), *Buenas prácticas docentes. Evaluación formativa y compartida en educación: experiencias de éxito en todas las etapas educativas.* (pp. 34–61). León: Universidad de León.

López-Pastor, V., Buscà, F., Camerino, O., Capllonch-Bujosa, M., Castejón, F. J., & Chivite, M. (2010). *Evaluación Formativa y Compartida en Educación Superior. Propuestas, técnicas, instrumentos y experiencias.* Madrid: Narcea.

López-Pastor, V., Pérez, D., Manrique, J. C., & Monjas, R. (2016). Los retos de la educación física en el siglo XXI. *Retos. Nuevas Tendencias En Educación Física, Deporte y Recreación, (29)* 182-187.

López Pastor, V. M. (2017). Evaluación formativa y compartida: evaluar para aprender y la implicación del alumnado en los procesos de evaluación y aprendizaje. En V. M. López-Pastor & Á. Pérez-Pueyo (Eds.), *Buenas prácticas docentes. Evaluación formativa y compartida en educación: experiencias de éxito en todas las etapas educativas* (pp. 34–68). León: Universidad de León.

López Pastor, V. M., Monjas Aguado, R., & Pérez Brunicardi, D. (2003). *Buscando alternativas a la forma de entender y practicar la Educación Física escolar.* Barcelona: Inde.

Lorente-Catalán, E. (2008). Estimular la responsabilidad y la iniciativa: autogestión en educación física. *Apunts. Educacion Fisica y Deportes*, (92), 26–34. Disponible en https://revista-apunts.com/wp-content/uploads/2020/11/092_026-034_es.pdf

Lorente-Catalán, E., Gatell i Novell, E., & Joven, A. (2018). Experiencias de educación física emancipadora: la negociación del currículum y la autogestión. En D. Martos-García & E. Lorente-Catalán (Eds.), *Educación Física y pedagogía crítica. Propuestas para la transformación personal y social* (pp. 243-268). Lleida, Valencia: Universidad de Lleida, Universidad de Valencia.

Lorente-Catalán, E., López-Pastor, V., & Kirk, D. (2018). La evaluación participativa en la formación inicial del profesorado. Un caso sobre su utilización en las primeras experiencias profesionales. En D. Martos-García & E. Lorente-Catalán (Eds.), *Educación Física y pedagogía crítica. Propuestas para la transformación personal y social* (pp. 193-209). Lleida, Valencia: Universidad de Lleida, Universidad de Valencia.

Martínez-Álvarez, L., Bores-Calle, N., García-Monge, A., Barbero, J. I., Vaca-Escribano, M., Abardía-Colás, F., Rodríguez-Campazas, H. (2015). Una perspectiva escolar sobre la Educación Física: buscando procesos y entornos educadores. En L. Martínez-Álvarez & R. Gómez (Eds.), *La Educación Física y el deporte en la edad escolar. El giro reflexivo en la enseñanza.* (pp. 185–231). Buenos Aires: Miño y Dávila.

Martos-García, D., Lorente-Catalán, E., & Martínez-Bonafé, J. (2018). Educación física y pedagogía crítica: una necesidad educativa. En E. Lorente-Catalán & D. Martos-García (Eds.), *Educación Física y pedagogía crítica. Propuestas para la transformación personal y social* (pp. 29-46). Lleida, Valencia: Universidad de Lleida, Universidad de Valencia.

Martos, D., Tamarit, E., & Torrent, G. (2016). Negociando el currículum en educación física. Una propuesta práctica de cogestión. *Retos*, (29), 223–228.

McLaren, P. (2005). *La vida en las escuelas. Una introducción a la pedagogía crítica en los fundamentos de la educación.* (4ª ed.). Buenos Aires: Siglo XXI.

McLaren, P. (2012). *La pedagogía crítica revolucionaria. El socialismo y los desafíos actuales.* Buenos Aires: Ediciones Herramienta.

McLennan, N., & Thompson, J. (2015). *Educación Física de Calidad.* Disponible en https://en.unesco.org/inclusivepolicylab/e-teams/quality-physical-education-qpe-policy-project/documents/educación-física-de-calidad-efc-guía

Moreno-Doña, A., Campos-Vidal, M., & Almonacid-Fierro, A. (2012). Las funciones de la educación física escolar: una mirada centrada en la justicia social y la reconstrucción del conocimiento. *Estudios Pedagógicos, XXXVIII*(1), 13–26. Disponible en http://www.redalyc.org/articulo.oa?id=173525520020

Moreno-Doña, Alberto, Toro-Arévalo, S., & Gómez-Gonzalvo, F. (2020). Formación inicial de maestros de educación física: conectando un quehacer pedagógico decolonial con la intervención social, política e insurgente del espacio público. *Retos, 37*, 605–612. https://doi.org/10.47197/RETOS.V37I37.74183

Moreno, A., Toro, S., & Gómez, F. (2018). Crítica de la educación física crítica : eurocentrismo pedagógico y limitaciones epistemológicas. *Psychology, Society, & Education, 10*(3), 349–362. https://doi.org/10.25115/psye.v10i1.2104

Mosston, M., & Ashworth, S. (1986). *La enseñanza de la Educación Física. La reforma de los estilos de enseñanza.* Barcelona: Hispano Europea.

Navarro, V., & Fernández, G. (1989). *Diseño curricular en Educación Física.* Barcelona: Inde.

OCDE. (2003). *La definición y selección de Competencias Clave. Resumen ejecutivo.* París.

ONU. (1948). *Declaración Universal de Derechos Humanos.* París.

Parlebas, P. (2003). *Juegos, deporte y sociedad. Léxico de praxiología motriz.* Badalona: Paidotribo.

Pascual, C., & Fernández-Balboa, J. M. (2005). La cara oculta de los formadores de profesores de Educación Física. En Á. Sicilia & J. M. Fernández-Balboa (Eds.), *La otra cara de la enseñanza. La Educación Física desde una perspectiva crítica.* (pp. 21–47). Barcelona: Inde.

Pérez-Gómez, Á. I. (2012). *Educarse en la era digital.* Madrid: Morata.

Pérez-Gómez, Á. I., & Serván-Núñez, M. J. (2016). Naturaleza y sentido del portafolios educativo. En Á. I. Pérez-Gómez (Ed.), *El portafolios educativo en Educación Superior* (pp. 41-47). Madrid: Akal.

Pérez-Samaniego, V., & Devís-Devís, J. (2015). Metodología y currículum: una aproximación crítica al uso de los estilos de enseñanza. En L. Martínez-Álvarez & R. Gómez (Eds.), *La Educación Física y el deporte en la edad escolar. El giro reflexivo en la enseñanza.* (pp. 277–302). Buenos Aires: Miño y Dávila.

Perrenoud, P. (2004). *Diez nuevas competencias para enseñar.* Barcelona: Graó.

Pozo, J. I. (1999). *Aprendices y maestros. La nueva cultura del aprendizaje.* Madrid: Alianza Editorial.

Quintana-Cabanas, J. M. (2009). Propuesta de una Pedagogía Humanista. *Revista Española de Pedagogía, LXVII*(243), 209–230.

Ríos, M. (1994). Los Juegos Sensibilizadores: una herramienta de integración social. *Apunts: Educación Física y Deportes, 38*(38), 93–98.

Ríos, M., Blanco, A., Bonany, T., Carol, N., & Córdoba, T. (2014). Estrategias inclusivas. En M. Ríos, P. Ruiz, & N. Carol (Eds.), *La inclusión en la actividad física y deportiva* (pp. 593-671). Barcelona: Paidotribo.

Rodríguez-Gómez, G., Ibarra-Sáiz, M. S., Cabeza-Sánchez, D., Cubero-Ibáñez, J., Gallego-Noche, B., Gómez-Ruiz, M. Á., Quesada-Serra, V. (2018). *e-Evaluación orientada al e-Aprendizaje estratégico en Educación Superior*. Madrid: Narcea.

Rodríguez-López, J. (1995). *Deporte y Ciencia. Teoría de la actividad física.* Barcelona: Inde.

Rodríguez-Ribas, J. P. (2010). Desde el principio. ¿Qué es "Actividad Física y Deportiva"? *EFdeportes*, (146).

Rogers, C. (1997). *Psicoterapia centrada en el cliente.* Barcelona: Paidós.

Sanmartí, N. (2020). *Evaluar y aprender: un único proceso* (1ª ed.). Barcelona: Octaedro.

Santos-Guerra, M. Á. (2014). *La evaluación como aprendizaje: cuando la flecha impacta en la diana.* Madrid: Narcea.

Schön, D. A. (2017). The reflective practitioner: How professionals think in action. In *The Reflective Practitioner: How Professionals Think in Action*. https://doi.org/10.4324/9781315237473

Sicilia-Camacho, Á. (2005). La pedagogía crítica: una cuestión de política (y de ética). En Á. Sicilia-Camacho & J. M. Fernández-Balboa (Eds.), *La otra cara de la enseñanza. La Educación Física desde una perspectiva crítica.* (pp. 159–175). Barcelona: Inde.

Sicilia-Camacho, Á., & Delgado Noguera, M. Á. (2002). *Educación Física y estilos de enseñanza.* Barcelona: Inde.

Soto Gómez, E. (2016). La reflexión, corazón y alma del portafolios educativo. En Á. I. Pérez-Gómez (Ed.), *El portafolios educativo en Educación Superior* (pp. 101-123). Madrid: Akal.

Sparkes, A. C. (1992). Breve introducción a los paradigmas de investigación alternativos en Educació Física. *Perspectivas de La Actividad Física y El Deporte*, (11), 29–33.

Stenhouse, L. (1984). *Investigación y desarrollo del currículum.* Madrid: Morata.

Swartz, R., Costa, A., Beyer, B., Reagan, R., & Kallick, B. (2016). *El aprendizaje basado en el pensamiento. Cómo desarrollar en los alumnos las competencias del siglo XXI*. Madrid: SM.

Tinning, R. (1996). Discursos que orientan el campo del movimiento humano y el problema de la formación del profesorado. *Revista de Educación*, (311), 123–134. Disponible en https://redined.mecd.gob.es/xmlui/handle/11162/71637

Tinning, R., & Ovens, A. (2015). Aprender a convertirse en un docente (en formación) reflexivo. En L. Martínez-Álvarez & R. Gómez (Eds.), *La Educación Física y el deporte en la edad escolar. El giro reflexivo en la enseñanza*. (pp. 249–277). Buenos Aires: Miño y Dávila.

Toro-Arévalo, S. (2007). Una aproximación epistemológica a la didáctica de la motricidad desde el discurso y practica docente. *Estudios Pedagógicos XXXIII, 1*, 29–43.

Trigo, E., & Piñera, S. (2000). *Manifestaciones de la motricidad*. Barcelona: Inde.

Trigueros, C., Rivera, E., & Moreno, A. (2020). The Big Bang Theory o las reflexiones finales que inician el cambio. Revisando las creencias de los docentes para construir una didáctica para la Educación Física Escolar. *Retos. Nuevas Tendencias En Educación Física, Deporte y Recreación*, (37), 710–717.

Troya, Y. (2018). La Expresión Corporal En La Educación Física Escolar . Una Propuesta De Estructuración De Los Contenidos Expresivos. *Acción Motriz*, (20), 27–36.

Tuning. (2006). *Una introducción a Tuning Educational Structures in Europe*. Disponible en https://www.unideusto.org/tuningeu/images/stories/documents/General_Brochure_Spanish_version.pdf

UNESCO. (2009). *Defining and Inclusive Education Agenda: refleccions around the 48th. session of the International Conference on Educacion*. Ginebra.

UNESCO. (2015). *Replantear la educación: ¿Hacia un bien común mundial?* Disponible en https://unesdoc.unesco.org/ark:/48223/pf0000232697

UNICEF. (2015). *Convención sobre los derechos del niño*. Disponible en www.unicef.es

Zabala, A., & Arnau, L. (2007). *11 ideas clave. Cómo aprender y enseñar competencias*. Barcelona: Graó.

Zabala, A., & Arnau, L. (2014). *Métodos para la enseñanza de las competencias*. Barcelona: Graó.

Zabalza, M. A. (2003). *Competencias docentes del profesorado universitario. Calidad y desarrollo profesional*. Madrid: Narcea.

Zariquiey, F. (2016). *Cooperar para aprender. Transformar el aula en una red de aprendizaje cooperativo*. Madrid: SM.

Zimmerman, B. J., & Moyla, A. R. (2009). Self-regulation: Where metacognition and motivation intersect. In D. J. Hacker, J. Dunlosky, & A. C. Graesser (Eds.), *The educational psychology series. Handbook of metacognition in education* (pp. 299–315). London: Routledge/Taylor & Francis Group.

Zorrilla-Silvestre, L., Capella Peris, C., & Gil-Gómez, J. (2016). Aprendizaje-servicio. En Ó. Chiva-Bartoll & M. Martí-Puig (Eds.), *Métodos pedagógicos activos y globalizadores. Conceptualización y propuestas de aplicación* (pp. 171-215). Barcelona: Graó.